AF364075

LES PEINTRES NÉERLANDAIS
DU XIXme SIÈCLE

SOCIÉTÉ FRANÇAISE
D'ÉDITIONS D'ART
L.-HENRY MAY
RUE SAINT-BENOÎT. 9 & 11

LES PEINTRES NÉERLANDAIS DU XIXᵐᵉ SIÈCLE

SOCIÉTÉ FRANÇAISE
D'ÉDITIONS D'ART
L.-HENRY MAY
RUE SAINT-BENOÎT, 9 & 11

LES PEINTRES NÉERLANDAIS

DU

XIXème SIÈCLE

LES PEINTRES NÉERLANDAIS

DU

XIXème SIÈCLE

ÉDITÉ SOUS LA DIRECTION

DE

MAX ROOSES

Conservateur du Musée Plantin d'Anvers.

Traduction de GEORGES EEKHOUD.

PARIS

SOCIÉTÉ FRANÇAISE D'ÉDITIONS D'ART

L. HENRY MAY

ÉDITEUR DES COLLECTIONS QUANTIN.

Imprimerie à vapeur AMST. BOEK- EN STEENDRUKKERIJ, v/h. ELLERMAN, HARMS & C⁰., Amsterdam.

TABLE DES MATIÈRES

TABLE DES PLANCHES HORS TEXTE:

JACOB MARIS.

PAR

G. H. MARIUS.

Vue de ville, d'après le tableau au Musée de l'État à Amsterdam.

JACOB MARIS.

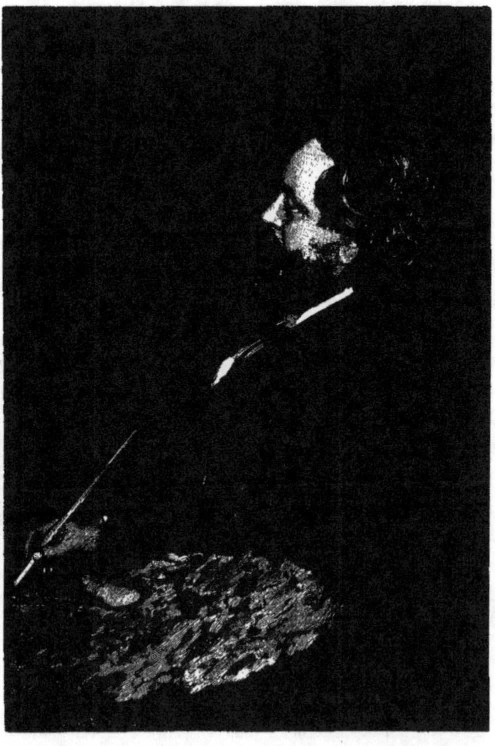

Il est incontestable que durant son séjour à Paris, Jacob Maris fut fortement, impressionné par les peintres français Millet, Rousseau, Dupré, Corot et par beaucoup d'autres encore.

Ce furent, pour ainsi dire, ces maîtres français qui lui révélèrent la beauté et l'originalité des peintres hollandais du xviie siècle. Absolument enthousiastes de notre ancienne école de peinture, plusieurs d'entre eux étaient venus l'étudier au pays d'origine, dans la nature même qui l'avait inspirée, différant en cela des peintres hollandais de 1830 qui se bornaient à copier servilement les tableaux anciens et dont le principal souci consistait à reproduire les tons jaunis et la patine de ces toiles vénérables. Les maîtres français furent donc de véritables initiateurs pour le jeune Maris; ils lui apprirent à comprendre l'esprit et la conception des anciens maîtres hollandais; c'est-à-dire à voir, comme eux, la nature par ses propres yeux; et, grâce à cet exemple, il fit à son tour œuvre de créateur et d'artiste personnel.

Lorsqu'on songe combien la peinture était conventionnelle dans notre pays, alors qu'à Paris et surtout dans les environs de cette capitale — entr'autres à Fontainebleau — la jeune école suscitait un art si généreux et si vivace,

l'admiration qu'on éprouve pour Jacob Maris grandit encore et on demeure
convaincu de la forte personnalité de notre compatriote qui, tout en se passion-
nant à bon droit pour les merveilleux coloristes et les nobles compositions du
romantisme français, sut toujours demeurer lui-même: un Hollandais se trem-
pant aux sources mêmes de la nature patriale et dans l'étude des vieux maîtres
auxquels il était apparenté par la race et le terroir.

Lui aussi donna le jour à un art original, affilié à celui de Van der Meer
de Delft, de Rembrandt et de Ruysdæl, mais éminemment moderne et de

Le Pont, d'après une esquisse au fusain.

cette fin de siècle, par la conception, le sentiment, les idées, et l'expression.

La vie est une constante métamorphose ou mieux un continuel devenir;
aussi l'art, l'expression la plus vibrante et intense de la vie, doit-il nécessaire-
ment changer de forme s'il ne veut mourir. Et voilà pourquoi, si Maris
admirait la si méritante école hollandaise du XVIIe siècle, il en appréciait
surtout le don de vie.

L'équilibre parfait entre le sentiment le plus profond et l'intelligence logique
qui caractérise l'art de Van der Meer de Delft, est aussi la principale qualité
qui assigne aux toiles de Jacques Maris une place prépondérante parmi les
œuvres modernes et qui fait de lui le maître vénéré de tous nos "Jeunes."

La généreuse émotion que nous éprouvons devant ces œuvres et qui nous
fait vibrer de sympathie ne provient pas du sujet en lui même, car jamais
Maris n'a offert de peinture sentimentale ou anecdotique au public si friand de
semblables illustrations (peut être cette probité de l'artiste a-t-elle été cause
de sa vogue tardive); mais cette émotion émane de la peinture même, de la
noblesse de la conception, de l'harmonie absolue entre la pensée et l'exécution.

Jacob Maris se livre pour ainsi dire tout entier dans sa peinture; il est
intimement pénétré de ce qu'il exprime et de là l'éloquence de cette expression.
De là, aussi, la parfaite unité de chacun de ses tableaux. Du moment qu'il a
arrêté sa composition, toute sa volonté tend à la mettre en œuvre telle qu'il
l'a bâtie dans son cerveau, toutes ses

énergies concourent à la réaliser
esthétiquement.

Dans son œuvre le sentiment s'accorde, se fond avec un métier prestigieux. Toutes les parties du tableau
sont traitées avec la même perfection,
et pourtant quelle fraîcheur, quelle
séduisante naïveté se dégagent des
moindres détails!

Voyez ce talus au bord de l'eau:
Les mottes de gazon en sont traitées
avec une simplicité presque enfantine
et par là même s'accroît l'impression
quasi patriarcale que doit dégager ce
vieux chemin tortueux longeant le canal
de halage.

Ou considérez encore ce dessous
de moulin délabré, dans un paysage
embrumé, plein de pluie et de tempête;
une tache verte éclate dans cette grisaille, un petit morceau de couleur jeté là
comme s'il s'était échappé de la boîte à couleurs d'un enfant. Rien de plus exquis.

Ce simple détail, en apparence futile et négligeable, ce point vert isolé
dans tout son morne entourage, Jacob Maris l'aura rencontré au cours
d'une de ses promenades, il l'aura précieusement conservé en sa mémoire pour
en réjouir et aviver un site mélancolique.

Combien cette *Vue de ville* acquise pour le musée de l'État par la „Société
d'encouragement de l'art contemporain," est admirablement peinte! Combien le
peintre a dû *ressentir* vivement ce qu'il voyait, pour faire saillir, en quelques
coups de pinceau distribués à point, ces vénérables pignons de leur voisinage
de bâtisses moins marquantes, et aussi pour nous présenter, avec cet attendris-
sement, ces pauvres petits arbres urbains déjà roussis avant d'avoir complètement verdoyé.

Quelle impression de passé séculaire!

Le calme presque accablant pèse sur les chaloupes et les bateaux à foin, même sur les ouvriers qui y travaillent. Tout semble inanimé en regard de l'action de l'atmosphère. Rien ne vit que la lumière et les nuages.

Le ciel gris donne l'illusion d'une course de nuages; les mouettes traversent l'espace pour voler vers vous. Et quel infini! Combien ce fin brouillard gris, ce brouillard argenté de la Hollande, et, à l'avant-plan, ces colorés effets de lumière, sont magiquement rendus! quelle vibration et quelle vie!

Et lorsqu'on s'arrête longtemps devant la toile, il en surgit une ville entière: ponts, bâtiments, rideaux d'arbres, traits de bateaux, le tout noyé dans un océan éthéré.

Jacob Maris n'a point peint ce fossé de ville d'après nature; depuis des années il a renoncé à cette façon de travailler. Mais quel artiste impressionnable et sensitif il doit être pour avoir été si vivement touché et pour nous traduire de cœur et de mémoire cette impression avec une telle puissance d'évocation qu'il ne nous est plus possible de longer les vieux canaux d'Amsterdam sans être rappelés aussitôt à son œuvre et sans voir plus sensiblement encore ses tableaux que la réalité! Il va de soi que la beauté de cet inouï portrait de ville ne consiste pas dans sa ressemblance.

Maris n'a point exécuté cette œuvre pour nous rendre fidèlement et agréablement un coin de nature; non il dégage de la surabondance et du superflu des choses visibles la seule vision qu'il faille avoir, l'essence et l'âme du tableau.

Et par cette faculté de sélection Jacob Maris nous semble supérieur à Daubigny dont les vivaces tableaux de plein air nous font passer par une série d'impressions consécutives. En comparant les deux peintres je dirai que l'art de Daubigny me montre une rose feuille par feuille, tandis que chaque tableau de Maris me fait voir la fleur entière dans toute sa splendeur.

Par des oppositions de lumière et d'ombre, d'atmosphère fluide et de masses compactes, Maris excelle à dégager l'impression essentielle des contingences accessoires. Il applique magistralement la théorie si clairement exposée par Taine dans sa *Philosophie de l'art*. Sa peinture manifeste le caractère saillant d'un paysage ou d'un intérieur plus complètement que ne le font les objets réels. Il est pénétré de cette vérité que dans la nature le caractère n'est que dominant et qu'il s'agit dans l'art de le rendre dominateur.

Sous ce rapport Maris agit comme les très grands maîtres de son pays, comme Rembrandt par exemple, qui tout en dédaignant, dans ses portraits de syndics ou d'autres bourgeois, la ressemblance approximative et servile, a immortalisé, éternisé le type du Hollandais si vivant et si sain du XVIIe siècle.

Au musée communal de la Haye on admire une de ses nombreuses vues de plages: un tableau superbe et émouvant.

Un nuage situé au plus haut du ciel domine tout le tableau: le bleu intense du ciel s'enfonce à l'infini derrière cette nuée; la mer est claire et ferme comme du cristal, telle qu'elle se présente par des temps ensoleillés mais froids.

Environs de Delft, d'après un tableau appartenant à Mme G. Tersteeg.

L'estran est solide et persque dur; la barque et les figures massives et colorées; coloré aussi le reflet du ciel dans la flaque laissée par la marée descendante. Le tout est plein de mouvement et de vivacité; c'est comme si l'intrépide vent du nord vous soufflait au visage.

Aucun peintre n'est plus varié que Jacob Maris. Toutes ses toiles respirent la fraîcheur, la jeunesse, et peut-être sont-elles redevables de cette qualité à cette circonstance que, pour notre artiste, peindre est toujours une jouissance et jamais un métier; cette spontanéité l'empêche de tomber dans la routine.

Les deux moulins, d'après un tableau appartenant à M. J. S. Forbes, de Londres.

Non seulement il est touché par les multiples aspects des ambiances, mais il s'applique aussitôt à les fixer sur la toile.

Dans son œuvre les vues de plages, de villes, et les intérieurs se suivent avec une profusion déconcertante, mais malgré cette production énorme il préserve toujours cette naïveté et cette grâce primesautière qui fait le charme principal de sa peinture.

J'en dirai autant des innombrables moulins à vent dont il a peuplé ses paysages, depuis les impressions rapidement enlevées, baignées de bitume, éblouissantes de lumière et de couleur, jusqu'à ces tableaux complètement achevés où on voit une suite de moulins décroitre dans la perspective brumeuse.

Tous ces moulins sont admirablement brossés; ils ont large et grande allure et font corps, ainsi que des arbres puissants, avec la nature environnante.

Ces lourdes machines se dressent presque toujours dans une atmosphère pesante. Tantôt c'est une masse de nuées d'un gris de plomb qui menace de voiler la dernière bande de lumière et sur laquelle se détache à peine la silhouette du moulin; tantôt de gros nuages blancs que les ailes des moulins

« Le moulin de Pierre »
D'APRÈS UN TABLEAU
appartenant à M. L. Smit.

ivres de lumière dirait-on, semblent emporter dans leur course, — mais cette fougue n'exclut pas une exécution très poussée et chaque détail du tableau concourt à une profonde impression d'ensemble.

Un charme extraordinaire règne jusque dans les moindres tableautins du maître, presque tous peints à contre-jour. Quelle que soit la simplicité des objets ils deviennent dramatiques par la lutte du soleil et des nuages, par les efforts de la lumière pour traverser les brumes et projeter ses rayons d'or mat sur le sol. Ce qu'il y a de fugace, d'instantané dans l'impression est précisément ce qui fait la puissance de ces tableaux.

Cette magie, vous la subirez dans ce canal de halage où la pâle lumière jaune tombant d'un ciel pluvieux s'accroche aux flancs décharnés d'une haridelle blanche ou scintille furtivement dans les flaques de la berme; ou encore dans ce labour où les sombres sillons s'enfoncent parallèlement jusqu'au bas de l'horizon. Quel sentiment délicat dans cette perspective meublée d'arbres, de moulins et de toits en partie noyés dans une lumière blafarde, dessinés comme des portraits, traduisant en ses traits essentiels et expressifs la physionomie de nos plaines hollandaises.

Nous n'en finirions point de commenter tous les tableaux qui nous reviennent à la mémoire.

M. H. W. Mesdag détient dans sa collection une des perles de ce trésor.

Ce tableau représente une vieille femme de Scheveningue, assise au bord de la dune. La mer et le ciel paraissent d'argent fluide et la lumière d'argent caresse aussi le bonnet blanc de la vieille. La figure et la dune, traitées à peu près dans le même ton, sont vues à contre jour. Le tout s'argente, et semble imprégné de sérénité, baigné de quiétude.

Le maître a peint le même site, le ciel, la mer et la dune, mais cette fois c'est un enfant, sans doute une de ses fillettes, qu'il adosse au talus, vêtue d'une robe blanche.

Les ambiances participent de la jeunesse et de la fraicheur de cette petite personne: la mer, le ciel bleu et la dune vert tendre, le tout est ensoleillé mais sans violence, et plein de la rêverie langoureuse d'une chaude journée estivale.

En étudiant du Knorr, d'après un tableau.

Celui-là est un des nombreux tableautins dans lesquels Jacob Maris à représenté ses enfants. On se rappellera un autre, un des meilleurs : le petit violoniste exposé il y a une couple d'années au Salon *d'Arti*.

Un garçonnet habillé tout de velours brun et jouant du violon se détache sur un fond de Gobelins. La lumière inonde le blanc cahier de musique. Ce tableau savoureux de couleur et de lignes exquises fait songer à la meilleure époque espagnole. Maris a peint aussi ses enfants jouant du piano : des chérubins aux couleurs légères et caressantes comme celles des fleurs, et prétexte charmant à des symphonies de tons, à des gammes allant du bleu foncé à l'ocre le plus chaud.

Jadis le maître peignait aussi des intérieurs, c'est-à-dire des cuisines de pauvres gens, ceux-ci en train de prendre leur frugal repas, ou l'homme, revenu du dur travail, savourant sa bouffarde. Rien de simple comme ces compositions, mais rien de plus finement intimiste.

Insensiblement l'art de Maris s'est débarrassé de toute convention. Les intérieurs qu'il peint aujourd'hui sont pris dans son propre foyer et exclusivement animés par ses enfants. Autant de petits tableaux d'un faire coquet sans mièvrerie. Et il est d'un artiste sainement réaliste l'art qui s'inspire de ses entours familiers et qui accorde son souci d'idéal avec les scènes coutumières de son ménage. Ces intérieurs nous impressionnent à l'égal des meilleurs Van der Meer inspirés aussi de la simple vie de famille.

L'an dernier on admirait à l'exposition de la Société de Dessin de la Haye une aquarelle de Maris : la Nourrice. Dans une opulente chambre bleue se prélasse une imposante nourrice, étalant avec complaisance son ample robe de soie, et tenant un bébé sur les genoux. A ses côtés se tient une fillette, le visage curieusement tourné vers le bébé. Composition intime et fervente. Oh ! la tête si spirituellement dessinée de la nourrice ! Et ces mains un peu gourdes ! Et tout ce linge blanc ! Cela ne sent en rien l'illustration. La nourrice n'a rien de conventionnel ou du type consacré. Elle a sa personnalité propre : elle est la nourrice de la maison Maris.

Les aquarelles de Maris sont aussi poussées que sa peinture à l'huile, mais elles sont, naturellement, plus fines et de tons moins éclatants. La plupart racontent les environs de la Haye : canaux, jardins, potagers bornés de roselières, maisonnettes à toits rouges d'où montent languissamment des nuages de fumée. Les travaux du jardinier et du pépiniériste, la manœuvre des chalands lourdement chargés qu'on fait avancer au moyen d'une gaffe ; une bonne femme rinçant son linge dans le canal, avec, au fond, les dunes, un coin de sablon ou un pré qui tranche agréablement sur toute cette grisaille, ou encore un pont suspendu, avec une couple de personnages, — tout cela, contrastant par son caractère mignon, intime, attendrissant, avec l'immensité et la majesté du ciel. Et ces aquarelles sont triturées, frottées à l'éponge, soumises à mille retouches, avant qu'elles

aient acquis ce ragoût et cette consistance que nous prisons tant chez
Jacob Maris.

* *

Jacob Maris aurait dit un jour: „un tableau est fini lorsqu'on peut voir ce
qu'il représente."

Ce dict qui semble au premier moment n'être qu'un truisme digne de La Palice
contracte une haute signification si on se donne la peine d'y réfléchir.

Il contient tout un programme technique: il faut que les nuages chassent

La Tour de Schreyers à Amsterdam, d'après un fusain.

dans le ciel, que le bleu du ciel donne l'impression de la profondeur et de
l'espace, que la lumière vibre et chante; le paysage doit être solide et ferme,
les figures vivantes et actives, les oiseaux doivent voler, il faut que chaque
matière soit rendue d'une manière spéciale et saisissante.

Lui-même a parfaitement appliqué ce principe. Ses tableaux sont complètement achevés. Tout y vit, tout y remplit consciencieusement son rôle; la
chûte du moindre rayon est logiquement raisonnée, mais aussi exprimée avec
sentiment: chaque coup de pinceau est venu à sa place, il n'y en a pas un de trop.

Naturellement cette perfection est le fruit d'une étude assidue de la nature
et d'une application, d'une pratique formidable.

En même temps que la conception, l'exécution gagnait en puissance et en
solidité. Ce qu'il y avait d'un peu flou, d'un peu étriqué dans ses premières
œuvres, par exemple dans sa *gardeuse de poules*, remarquable cependant par
la précision et la conscience avec lesquelles étaient traitées la maison et les

ambiances, a complètement disparu, et ses pinceaux sont devenus à la fois plus libres et plus souples.

Il subordonne tout, même la couleur, à ce mobile: donner une forte impression d'ensemble. Et il arrive au but par la logique, la pondération de toute sa composition picturale. „Les relations exactes de la lumière et de l'ombre, la détermination précise des contours, le fini, voilà des conditions indispensables que le public a raison d'exiger dans un tableau; mais quant à la beauté, à la qualité de la couleur et du ton, c'est ce que les artistes mêmes sont seuls capables d'apprécier et ce qu'ils exigent les uns des autres."

Maris a coutume de répéter ces paroles.

L'idée qu'on se fait du personnage d'après ses nombreux propos et déclarations est celle d'un homme très réceptif, d'un artiste capable d'apprécier équitablement toute manifestation d'art réel.

On exige beaucoup de souplesse chez les artistes en un temps où chaque jour la chronique des journaux découvre quelque nouveau héros à ajouter à la liste des contemporains illustres; cette publicité a encore été aggravée par „l'interview," cette perfide invention d'un gazetier Yankee. Dans ces interviews maint artiste est tenu d'émettre une opinion qu'il sera forcé de contredire une heure après. Je suis convaincu que la plupart des artistes lisant les articles contradictoires consacrés à leur personne et à leur œuvre ne peuvent souvent s'empêcher de sourire, à moins qu'ils ne s'irritent de l'ignorance et de l'incompréhension de leurs „réclamiers."

Mais chez Jacob Maris, quel que soit l'homme, nous n'aurions pas besoin de le connaître pour apprécier plus sûrement son œuvre. Elle est complète et par conséquent éloquente par elle-même.

* * *

Jacob Maris naquit à la Haye en 1837. Tout jeune encore il s'amusait à dessiner ce qui l'entourait, tant à l'intérieur qu'au dehors; il s'essayait aussi à faire les portraits de ses parents.

Sur la recommandation de son maître d'école qui lui avait reconnu des dispositions, Jacob Maris entra à l'atelier de Stroebel.

En dehors de sa besogne de rapin consistant à broyer les couleurs et à nettoyer les brosses, Stroebel lui faisait copier des dessins et des lithographies des siècles passés, et, chose plus utile au petit, des aquarelles d'après des natures-mortes auxquelles il travaillait parfois des jours entiers.

Vue d'Achterbuurt, d'après un fusain.

Ensuite il suivit durant trois ans les cours de l'académie de peinture d'Anvers ; puis il revint à la Haye où il fréquenta l'atelier de Louis Meijer, un peintre très réputé en son temps. Ici on l'employa surtout, comme chez Stroebel, à des travaux de rapin.

M. Zilcken raconte dans une étude sur Jacob Maris publiée dans *l'Art moderne*, qu'une des besognes du jeune peintre dans l'atelier de Louis Meijer consistait à découper des mouettes dessinées sur du papier, que le maître transportait ensuite soigneusement sur la toile pour y marquer la place qu'elles occuperaient dans le tableau.

C'était aussi le temps où l'on commençait par peindre le ciel ; on peignait d'abord un beau ciel bleu, puis quand il était sec on l'ornait de nuages, puis on plantait les arbres, bref on exécutait tout un panorama — ou plutôt des coulisses — avec un morceau plus sombre, à l'avant plan, un golfe, une montagne ou un buisson de verdure, afin de mieux faire ressortir la clarté du ciel.

Cependant le jeune Maris trouvait le temps de peindre pour lui-même. Il lui arriva même, dès cette époque, de vendre un tableau : une cuisine au

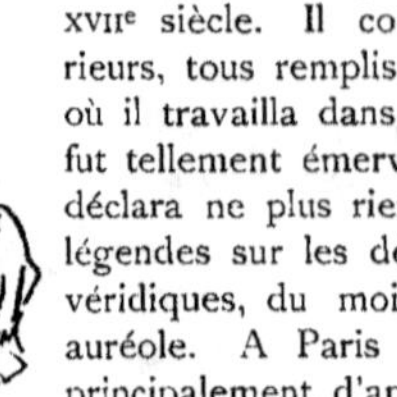

XVIIᵉ siècle. Il commença d'ailleurs par peindre force intérieurs, tous remplis de promesses. En 1865 il partit pour Paris où il travailla dans l'atelier d'Hébert. On rapporte que celui-ci fut tellement émerveillé d'un arrière plan peint par Maris, qu'il déclara ne plus rien avoir à lui apprendre. Mais il court tant de légendes sur les débuts des grands hommes ! Si elles ne sont véridiques, du moins contribuent-elles à les entourer d'une auréole. A Paris Maris peignit beaucoup d'après le modèle, principalement d'après des Italiens. Les tableaux pour lesquels il recourait à ceux-ci furent l'origine de sa vogue. Après la Commune, l'époque tragique qu'il passa péniblement avec sa femme et ses enfants à Paris, il revint se fixer pour de bon à La Haye, pour se consacrer entièrement au paysage hollandais qu'il devait élever à une hauteur non égalée depuis Ruysdæl.

* * *

Pour assigner à Jacques Maris son rang dans le monde des arts, il ne faut pas nous confiner dans les frontières étroites et timides de notre pays. A la différence de notre littérature, notre école de peinture jouit d'une renommée internationale et cosmopolite ; ceci soit dit pour constater que Jacob Maris fut apprécié bien plus tôt à l'étranger que chez nous.

Il y a vingt ans que les connaisseurs de Londres et de Paris se disputent ses œuvres, alors qu'il n'y a pas plus de dix ans que son nom s'est imposé dans notre pays ; et il y a quelques années, à chaque exposition, les critiques hollandais l'accablaient encore de leurs railleries et de leurs remarques dénigrantes.

Aujourd'hui l'admiration est unanime pour l'art si distingué et d'une si haute envolée, de Jacob Maris. Chérir l'art pour l'art, telle est la passion dominante de notre grand maître. Sans s'inquiéter de la mode et de l'opinion courante, il vit tranquillement au milieu des siens et pour son art qui l'absorbe avant toute chose et qui occupe toute sa pensée.

Il arrive souvent, après qu'un tableau a été emporté de son atelier, qu'il le redemande pour le retoucher. C'est souvent dans les magasins mêmes de la maison Goupil de Paris où il envoie la plupart de ses tableaux, qu'il y met la dernière main. Excès de scrupule et de probité! Il serait, prétend-il, tenté de les repeindre de fond en comble s'il les tenait encore dans son atelier. Maintes fois il est arrivé qu'en reprenant une de ses toiles il en faisait un

Le laboureur, d'après un fusain.

tout autre tableau. Alors si on témoignait le regret de la disparition de la version, première, si on lui demandait pourquoi il n'avait pas gardé celle-ci et pris une autre toile pour sa version nouvelle, il répondait: „La fois prochaine je referai ce que j'ai sacrifié!" Mais chez lui tout est le résultat d'une mûre réflexion; rien n'est abandonné au caprice et au hasard; son art est le plus conscient, le plus voulu qui soit.

ALBERT NEUHUYS.

PAR

Jˢ. VAN RENNES.

Veillée à Laren (Gooi), d'après un tableau.

ALBERT NEUHUYS.

Albert Neuyhuys est né à Utrecht en 1844. Il était le plus jeune de huit enfants dont l'aîné, Jan Neuhuys avait été le condisciple et l'ami d'Alma Tadema, durant ses années d'études à l'Académie d'Anvers.

L'apprentissage du métier de peintre est long et coûteux. Aussi lorsque le fils cadet exprima à son père le désir de suivre la carrière de l'aîné,

le chef de la famille lui répondit par un péremptoire: Jamais! Le père estimait
que le métier de lithographe serait bien plus profitable au jeune Albert.
Celui-ci y trouverait largement de quoi satisfaire son goût et utiliser ses dispositions pour le dessin. M. Neuhuys fit donc l'acquisition des outils nécessaires.

Albert Neuhuys n'était pas précisément enthousiaste de cette solution, aussi
quand, après deux ans, il rentra un jour à la maison, porteur de cette nouvelle:

Grange, d'après une étude à l'huile.

„les ouvriers se mettent en grève, on ferme l'établissement lundi", il parvenait à peine à dissimuler son allégresse. L'atelier tardait à se rouvrir et le
père ne savait à quel travail mettre son fils. Finalement, estimant l'oisiveté
encore plus dangereuse pour son garçon que le métier de peintre, il l'autorisa
à fréquenter l'atelier d'un maître de dessin. Toutefois le père Neuhuys recom-
manda expressément à celui-ci, un certain Gijs Craeyvanger, de n'enseigner au
jeune Albert que les éléments dont il aurait besoin pour son métier de litho-

graphe, et de combattre, de contrarier chez l'enfant toute tentative, toute velléité de s'exercer à la peinture.

Malheureusement pour le père Neuhuys, ce Gijs Craeyvanger, sans être lui même un peintre de grand talent, entretenait un culte fervent pour la peinture.

En extase, d'après un pastel.

Il eut vite découvert chez son élève des dispositions et des dons qui lui firent regretter la promesse qu'il avait faite au père du petit. Il avait donné sa parole à M. Neuhuys que, loin d'encourager Albert, il s'efforcerait de le dégoûter de la peinture. Mais d'autre part, devant le talent que promettait l'élève, le bonhomme se faisait un cas de conscience de combattre cette vocation.

L'élève continuait à lui soumettre des études et des esquisses de plus en

plus intéressantes, auxquelles il travaillait durant les heures de l'après-midi. A la fin
le professeur se rendit. Il préféra trahir le père que de désespérer le fils!...

Au début, lorsque le petit était en train de travailler, le maître se contentait
de l'observer à distance ou jetait de temps en temps un regard furtif sur son ouvrage
par-dessus son épaule. Insensiblement, attiré et intéressé, il se tenait derrière
lui, et il trépignait d'impatience, il lui démangeait de signaler au débutant des
fautes grossières et de lui apprendre à les corriger.

Une mère et son enfant, d'après une aquarelle.

Bientôt la vocation du petit parla avec une telle éloquence que Craeyvanger
ne se sentit plus engagé du tout envers le père. Il s'asseyait même aux côtés
du jeune artiste pour l'initier au secrets du métier.

Entretemps Albert avait gagné sa mère à ses projets, si bien que la bonne
femme lui acheta des tubes de couleur et autres accessoires. Elle alla même
jusqu'à lui installer, secrètement, un petit atelier dans un coin du grenier où
la vieille journalière de la famille consentait de temps en temps à lui servir
de modèle durant une couple d'heures.

L'enfant passait toutes ses heures de loisir dans ce grenier. Il y gelait l'hiver et il y cuisait l'été. N'importe. Il s'acharnait au travail. Un événement imprévu apporta une amélioration dans son sort.

Albert obligea un jour un sien ami en peignant d'après une photographie le portrait d'une sœur de celui-ci. Ce portrait passa par les mains d'un marchand de tableaux chez qui l'ami en question l'avait fait encadrer. Le marchand fut frappé par les mérites de cette peinture.

Baiser du matin, d'après un tableau.

Il s'informa du nom du peintre, fit la connaissance du jeune Neuhuys, et lui proposa d'exécuter pour lui de semblables portraits moyennant un prix convenu. Mais le marchand mettait une condition à ce marché : le nom du peintre devait demeurer inconnu. Neuhuys, enchanté de pouvoir s'assurer ainsi de sérieuses ressources, se garda bien de refuser. Les commandes affluèrent. Le jeune portraitiste avait peine à y suffire.

Pour faire „mousser" son peintre anonyme le marchand racontait ce petit roman à qui voulait l'entendre :

Le hasard l'avait mis en relation, lui, le marchand, avec un célèbre peintre français, peut-être même le plus célèbre de son pays. A la suite de chagrins

Etude.

conjugaux ou paternels, le marchand ne le savait plus au juste — la femme du peintre s'était-elle méconduite ou la fille du peintre avait-elle été enlevée par un officier? — notre homme avait quitté son foyer et sa patrie et, établi secrètement en Hollande, il peignait des portraits pour gagner son pain.

Parmi les nombreux portraits que Neuhuys peignit dans l'espace des deux ans que dura son engagement avec le malin marchand, figure celui de notre célèbre actrice Mme Kleine Gartman. Régulièrement, aussitôt livrés, ces portraits étaient exposés durant une couple de jours à la vitrine du marchand, et Neuhuys se trouva plus d'une fois parmi les badauds et les curieux arrêtés devant l'étalage et s'apitoyant charitablement sur le sort de „ce pauvre grand

Intérieur à midi.

peintre français, si malheureux malgré son immense talent!"

Un jour Gijs Cræyvanger, le premier professeur du jeune Albert, s'arrêta devant la vitrine du marchand et considéra avec une grande attention un portrait de femme qui y était exposé. Ce portrait était dû aux pinceaux de Neuhuys. Devenu moins prudent et moins circonspect, le jeune homme avait donné dans cette œuvre un certain cours à sa fantaisie. Or cette fantaisie le trahit. Neuhuys avait peint la dame dans un paysage planté de petits bouleaux.

Intérieur de Journalier campinois, d'après une aquarelle.

Or, Gijs Cræyvanger se souvenait de la prédilection de son élève pour ces petits bouleaux. Il reconnut aussi dans ce tableau la façon particulière dont Albert peignait ses arbres favoris. Entrant dans la boutique le professeur s'adressa en ces termes au marchand: „Et ce portrait-là, est-il aussi de ce fameux peintre français?" Et le marchand ayant répondu avec aplomb: „Certes, toujours du même, ou de qui voulez-vous qu'il soit?" Cræyvanger s'écria en riant: „Alors c'est que ce célèbre Français s'appelle Albert Neuhuys!"

Etude.

Le secret n'en fut plus un. Lorsqu'ils apprirent que le peintre tant admiré n'était qu'un de leurs jeunes concitoyens, les bonnes gens d'Utrecht éprouvèrent quelque mortification. La commande s'en ressentit, mais aujourd'hui encore, dans mainte maison d'Utrecht, on admire des portraits de Neuhuys attribués si longtemps à un grand mais malheureux artiste étranger.

Quelque temps après, une opulente famille venue des Indes s'étant fixée à Utrecht, commanda à Neuhuys les portraits de la dame et de ses filles. Le peintre exécuta ces portraits à la plus grande satisfaction de ces personnages, mais lui-même ne fut pas moins enchanté que ses clients, car, sentant qu'il lui manquait encore bien des connaissances techniques, il éprouvait depuis

„Moments de souci"

D'APRÈS UN TABLEAU

appartenant à M. E. van Essen

longtemps le désir de poursuivre ses études à l'académie d'Anvers, et la somme relativement considérable qu'il retira de ces portraits lui permit enfin de satisfaire ce louable et ardent désir.

Il avait déjà atteint les vingt-quatre ans et il demeura quatre années à Anvers. Naturellement l'argent qu'il avait touché pour ses portraits ne suffisait pas pour lui permettre de vivre tout ce temps dans la ville de Rubens. Mais il se tira d'affaire. Parfois il mangeait de la vache enragée, mais le lendemain une commande lui tombait du ciel et lui permettait de travailler quelque temps sans souci, sans appréhension.

Dès le lever du jour Neuhuys était assis devant son chevalet et brossait allègrement la toile. Avant de se rendre aux cours de l'Académie il lui fallait „piocher" ferme pour gagner sa journée. Il s'agissait aussi pour le digne garçon de faire de la peinture vendable. Aussi flatta-t-il le goût alors très prononcé du public anversois pour les beaux seigneurs et les grandes dames des siècles passés, très parés, vêtus de superbes atours. Il excella même dans ce genre. Ses étoffes faisaient illusion. Son satin était du

Etude.

vrai satin! Il fut le peintre favori de ces amateurs de peinture élégante et soignée. Les deux dernières années de son séjour à Anvers, la vie lui fut rendue plus aisée par le subside que le Roi lui accorda sur sa cassette.

Ayant quitté la Belgique il choisit pour résidence Amsterdam où ses parents l'avaient précédé. Il y fit la connaissance des frères Maris et de Mauve, qui, chaque fois qu'ils arrivaient à Amsterdam, ne manquaient pas d'aller visiter leur jeune confrère. Ces hommes déjà illustres allaient bravement relancer le débutant dans son pauvre atelier, sous les toits!

A Anvers, Neuhuys s'était déjà rendu compte de la nécessité qu'il y avait pour lui à entrer dans une autre voie. Il ne pouvait se résigner à peindre éternellement ces châtelaines et ces chevaliers en pompeux équipage. Cette défroquerie et cette friperie moyenâgeuses commençaient à l'excéder.

Il lui tardait de rendre des impressions de nature, de raconter ce qu'il voyait, ce qu'il *vivait*.

Et malgré les conseils des parents et des amis qui l'exhortaient à persévérer dans une voie qui lui rapportait de la renommée et de l'argent, il rompit bravement avec ce qu'il appelait ses „petits satins". Il partit pour la Gueldre et le pays de Gooi; il y pérégrinait des semaines entières et s'en revenait toujours chargé de tout un trésor d'études et d'esquisses. D'ailleurs son goût pour la nature et la campagne s'était déjà manifesté dès son enfance à Utrecht. Je me souviens encore d'un jour où il fut possédé brusquement du désir de faire une escapade à la campagne, mais, hélas sans avoir les moyens de se payer cette fantaisie. Neuhuys était un garçon ingénieux. De plus il était entêté. Lorsqu'il avait décidé une chose il finissait toujours par la mettre à exécution. C'est pour lui que cet adage semble avoir été inventé : „Aide-toi, le Ciel t'aidera !"

Il lui manquait les moyens de se balader au large? Bagatelle! Ces moyens il les trouverait! Vite il avait achevé un tableautin et

Etude.

muni de celui-ci il se rendit un beau matin chez un maître de forges, qui se trouvait être une sorte de Mécène. Cet amateur n'avait aucune envie de faire une nouvelle emplette, mais Neuhuys fut si pressant, si insidieux, parla si bien qu'il parvint à persuader le quidam de la nécessité qu'il y avait pour lui d'acquérir ce nouveau Neuhuys! — Vous *devez* m'acheter la chose, disait-il, car je *dois* aller à la campagne! — Finalement l'amateur lui acheta le panneautin pour une cinquantaine de francs! Avec cet argent Neuhuys prit encore le même jour le train pour Nunspeet, où il prit, pour trois semaines, ses quartiers chez un boulanger; après quoi, il rentra à Utrecht le gousset vide, mais chargé d'études et tout réjoui, heureux de ce bain de nature agreste. Le fils de l'industriel en question possède encore ce tableau qui valut trois semaines de villégiature au jeune peintre!

Le cas de Neuhuys èst celui de tous les hommes supérieurs dans quelque partie que ce soit: ce n'est qu'à force d'efforts et de luttes qu'il a obtenu la victoire et qu'il est arrivé à la célébrité.

C'est la règle générale; et elle s'applique spécialement aux peintres. La route de l'idéal est semée d'obstacles et de difficultés de toute sorte. Albert Neuhuys explique la chose en ces termes touchants: ,,Pour devenir un véritable artiste, il faut énormément d'abnégation et d'amour, il faut consentir à tout supporter. Quiconque ne possède cette ardeur sacrée fera bien de renoncer à la partie; jamais il ne deviendra un bon peintre!"

Le repas de midi, d'après une aquarelle.

Et c'est qu'elles ne lui furent pas épargnées, les difficultés! On a vu combien ses commencements furent durs. Mais il était de la trempe des vainqueurs et des persévérants. Aussi, il occupe aujourd'hui un rang éminent parmi nos peintres universellement connus.

Bien lui a pris de s'obstiner à la tâche, sans se laisser rebuter par les contrariétés de toute sorte inhérentes aux débuts, dans cette profession aussi belle mais presque aussi douloureuse et critique que celle du pasteur d'âmes ou du philosophe.

C'est surtout en ces dernières années que le peintre a acquis une vaste
renommée. Il la doit à sa grande probité d'art, à sa sincérité, à sa conscience.
Il peut être cité pour ces qualités essentielles à côté des Israëls, des Maris et
des Mauve.

Ses tableaux sont répandus aujourd'hui dans tout le monde civilisé. Le
célèbre collectionneur londonien, M. Staats Forbes, compte plusieurs Neuhuys
dans son cabinet; de même le prince régent de Bavière. Notre famille royale
possède aussi quelques tableaux de ce maître et, récemment, la Reine mère acheta
une de ses aquarelles chez un marchand de la Haye. On rencontre de ses
toiles dans les musées d'Amsterdam, Rotterdam, La Haye, Dordrecht, ainsi

Les nouvelles, d'après un tableau.

qu'à l'étranger, à Munich, New-York, Saint-Louis, même dans l'Amérique du
Sud. A Paris ses œuvres sont goûtées tout particulièrement.

Longue serait la liste des distinctions et honneurs qui lui sont échus. Depuis
la médaille d'argent qu'il décrocha en 1859, à l'âge de quinze ans à l'exposition de sa ville natale, son médaillier s'est largement enrichi. Médailles d'or
ou d'argent, de grand ou de moyen module, il lui en a été décerné de toutes
sortes aux tournois internationaux de Munich, Vienne, Paris, Chicago. Il y a
quelques années il fut nommé officier de l'ordre bavarois de Saint-Michel.

Aujourd'hui Neuhuys habite une maison artistiquement meublée dans l'Heuvel-
laan à Hilversum. Son atelier, comme chez tous les peintres, est la pièce la

plus confortable et la plus intime de la maison. Les parois sont tapissées de magnifiques cuirs dorés et gaufrés. Au-dessus d'un divan aux coussins turcs et persans invitant à la sieste ou à la rêverie, sont accrochées des œuvres de confrères illustres: Mauve, Maris, Israëls, Breitner, puis des dessins du maître de céans et... de son plus jeune fils, un gamin de cinq ans! — un petit démon qui met en révolution tout l'atelier et qui, espiègle, taquin et câlin fait le délicieux tourment de son père.

Albert Neuhuys adore son intérieur. C'est l'homme du foyer et il est toujours entouré de sa famille, elle l'accompagne même en voyage. Depuis quelque temps il s'absente moins. Il se contente d'excursionner dans les environs.

Etude.

Souvent on le rencontre seul, à la première heure du jour, chargé de tout son attirail, coiffé d'un chapeau à larges bords, marchant en songeant à son travail, simple comme un travailleur de la glèbe.

Et quiconque l'aperçoit se rendant à la besogne, a peine à reconnaître en lui le brillant causeur avec lequel il a dîné la veille, le dilettante friand de musique en compagnie duquel il a passé de si généreuses soirées. D'ailleurs Neuhuys a le culte de toute expression d'art.

Comme sa peinture Neuhuys est simple, droit, probe et loyal, et lorsqu'il rencontre ces mérites chez un confrère, il est le premier à les publier et à y applaudir.

Aussi est-il prisé très haut dans le monde des artistes. Agé de cinquante trois ans il est plus solide et plus jeune que jamais; et il arrive encore à chaque exposition à se surpasser, à montrer des œuvres plus belles que ses chefs-d'œuvre antérieurs. C'est un très, très grand artiste et le meilleur des hommes.

Il y a deux manières pour un peintre de devenir célèbre, constatait Charles Baudelaire dans sa critique du Salon de 1845, à Paris: par agrégation de succès annuels, et par coup de tonnerre. Certes le dernier moyen est le plus original; mais est-il aussi sûr, aussi durable que le premier? *That is the question.* La gloire honnête et progressive de M. Neuhuys, sa renommée lentement mais solidement acquise, est de nature à nous faire préférer le premier moyen.

HENDRIK WILLEM MESDAG.

PAR

ANNA C. CROISET VAN DER KOP.

Retour de la pêche, d'après un tableau à l'huile.

HENDRIK WILLEM MESDAG.

"Peut être un Courbet, mais jamais un Meissonier!"

Tel était, il y a vingt-cinq ans, l'oracle curieux que formulait Alma Tadema, sur l'avenir d'Henri Willem Mesdag, oracle que celui-ci attendait avec d'autant plus d'inquiétude qu'il venait brusquement de rompre avec tout son passé.

C'était une détermination grave que prenait Mesdag. Malgré l'opposition des siens et de lourdes charges de famille, il renonçait, du jour au lendemain, à une position solide pour affronter les aléas et les aventures inséparables de presque toute carrière artistique. Il fallait du courage pour rompre avec la tradition, renoncer au train de vie adopté depuis de longues années, pour se vouer entièrement aux crayons et aux pinceaux.

Né le 23 février 1831, à Groningue, le jeune Mesdag avait été mis dès l'âge le plus tendre à la besogne dans la maison de commerce paternelle. Dépensant toute son activité depuis le matin jusqu'au soir, au bureau ou à la Bourse, il ne restait guère de temps au jeune homme pour se consacrer à d'autres occupations. Et pourtant il parvenait à trouver des heures de loisir pour satisfaire son penchant, pour contenter sa vocation et s'appliquer à l'art du dessin. Tout enfant il avait éprouvé l'envie de transporter sur le papier les lignes et les contours des objets qui l'entouraient, et cette envie n'avait fait que croitre et augmenter d'année en année. A l'école il avait reçu les premières notions du dessin de C. Buys; après ces années d'éducation primaire il lui avait même été accordé d'aller peindre un matin, chaque semaine, chez cet artiste. En dehors de la leçon, le plus vaste champ d'activité et d'étude s'offrait au jeune homme. Tout lui était matière à études et à croquis. Son œil s'aiguisait, sa main devenait plus souple et plus ferme à la fois. La patience et la persévérance qu'il mettait au travail s'attestent en une série de dessins à la craie noire qu'il exécuta à l'âge de douze à treize ans, quand il vivait encore à Groningue. Ce sont des copies de gravures anglaises rendues en leurs plus minutieux détails et auxquelles le jeune apprenti consacra les soirées de tout un hiver. Mais il lui était devenu de plus en plus difficile de trouver le temps et l'occasion de poursuivre ce consciencieux apprentissage. Il ne pouvait distraire tout au plus qu'une heure de ses occupations commerciales pour l'affecter à l'étude de son art; mais cette étude lui tenait d'autant plus à cœur et il aspirait avec de plus en plus d'ardeur à pouvoir transporter, avec des couleurs, sur la toile, ce qu'il voyait autour de lui. Il ne devait pas s'attendre dans son entourage à de la sympathie pour ses aspirations. Mais un solide appui lui vint de la femme qu'il avait épousée en 1856 et qui fut la cause médiate de son succès, parce qu'elle avait compris et encouragé ses efforts. Il avait fait des études et des esquisses de tout ce qui l'entourait et, avec l'aide d'Egenberger 1), celles-ci, pour la plupart des paysages, furent traitées en des toiles de diverses grandeurs. Ces toiles se recommandent par l'exactitude et la fidélité; mais l'élément artistique proprement dit y manque encore.

Lui-même était le premier à en constater l'insuffisance. Elles ne le satisfaisaient point. Il le sentait; il lui faudrait prendre une autre voie. Pour récompenser ses efforts l'étude exigeait des bases plus solides et plus larges. Son désir de vivre uniquement et exclusivement pour l'art devint de plus en plus impérieux; et cela, alors que, chaque jour, ses occupations matérielles devenaient plus exigeantes et son temps plus précieux. Le moment était venu de prendre une résolution pour toute la vie, de choisir entre le devoir et la vocation, le commerce et l'art.

---

1) Directeur de l'Académie de dessin de Groningue.

Navire en détresse, d'après un tableau.

Fortifié par sa femme qui, tout en prévoyant les difficultés et les épreuves, se préparait aussi à les surmonter et à les vaincre, Mesdag eut le courage d'affirmer et d'imposer son talent. Vint l'année 1866 et Mesdag sacrifia son avenir assuré, sa position solide pour embrasser la carrière aléatoire, la vie de luttes et de labeur des vrais artistes.

Les amis et connaissances crièrent à la témérité, à la folie. Et ce n'étaient pas seulement les commerçants. Les artistes n'étaient pas moins stupéfaits; à commencer par le plus grand de tous, celui qui s'était entièrement voué à l'art dès sa plus tendre enfance, Joseph Israëls. Celui-ci ne pouvait comprendre comment un homme déjà âgé de trente-cinq ans, pouvait encore songer à commencer une étude si longue et si difficile. „Le gaillard vous en a de l'audace!" s'écria le maître quand il apprit les projets de Mesdag. Israëls ne se doutait point que ces paroles seraient rapportées à celui qu'elles concernaient, et qu'elles retentiraient même toujours à ses oreilles comme un cri d'alarme ou plutôt un défi, un appel à toutes ses énergies et à tous ses efforts.

Mesdag prenait la palette et les pinceaux à un âge où la plupart des autres peintres ont déjà acquis la renommée et sont maîtres de leur métier. Plus d'un maître hollandais jouissait déjà d'une gloire universelle à l'âge de trente-cinq ans. Paul Potter qui mourut à vingt-neuf ans, avait eu le temps, malgré les longues souffrances de la consomption à laquelle il devait succomber, de s'acquérir, par la magie de ses pinceaux, un nom désormais impérissable. Si un jeune homme de constitution débile, un garçon miné par la maladie, était parvenu à un tel résultat, que ne pourrait-on attendre de ce robuste et solide enfant de Groningue, qui, à la vérité, se mettait à l'œuvre après sa trentième année mais qui suppléerait aux années perdues par des prodiges de volonté et de labeur! Il serait vraiment malheureux que le gaillard ne fût point parvenu à se faire un nom, au moment d'atteindre la cinquantaine!

Mesdag consulta son parent Alma Tadema, qui vivait à Bruxelles, sur le choix du meilleur professeur de paysage, car le paysage étant considéré à cette époque comme le genre le plus facile, c'est par là que le transfuge du négoce avait décidé de commencer. Cette importante et remarquable lettre dans laquelle l'aspirant peintre traitait de divers objets, cette lettre, Tadema la conserve précieusement, même pieusement, comme une relique.

Roelofs, établi, lui aussi, à Bruxelles, fut désigné par Tadema à son cousin comme l'initiateur et le guide souhaité. Mais ce paysagiste étant en voyage, en attendant Mesdag se mit à travailler seul et il se transporta, à cet effet, à Oosterbeek. Il partait de bonne heure, chaque matin, pour la campagne et il y restait tout le jour afin de se familiariser avec la nature, et d'entrer, pour ainsi dire, dans son intimité; et lorsqu'il faisait trop mauvais temps pour lui permettre de travailler en plein air, il dessinait et peignait ce qu'il voyait à travers les fenêtres de sa maison de la chaussée d'Utrecht. Il fit la connaissance de nombreux peintres qui vinrent travailler cet été à Oosterbeek: Van Trigt, Hulk, Meinders, Taanman, Heije. Mais celui qui s'intéressait le plus à lui et qui lui fournit mainte précieuse indication était le probe artiste qui avait donné une si crâne impulsion à la campagne menée contre l'art conventionnel et faux de vingt ans auparavant, Jean Warnardus Bilders. De toutes les études peintes fidèlement d'après nature par Mesdag, celles qui excitaient surtout l'enthousiasme de Bilders étaient celles qui présentaient un caractère personnel, quelque naïf que fût même ce caractère, et qui accusaient une réelle originalité. Lui-même partisan et promoteur d'une conception d'art très large, d'un art spontané et original, il ne croyait pouvoir assez instamment prémunir Mesdag contre le danger de devenir un „petit Roelofs;" et il ne se lassait point de lui démontrer l'importance pour l'artiste de voir avant tout de ses propres yeux. Muni de ces excellents conseils, Mesdag débarqua le 25 septembre à Bruxelles et se fixa au No. 244 de la rue Rogier. Travailler était l'essence même de sa vie, aussi mit-il aussitôt la main à la pâte. Il avait non seulement le goût mais la meilleure méthode du travail et il s'entendait à régler son temps de manière à ne point perdre une minute.

Roelofs se rendait de temps à autres à l'atelier du débutant. Mesdag ne copia qu'un seul tableau du maître. Il comprit, d'accord avec l'excellent Bilders, que le professeur capable de lui enseigner le plus et le mieux était la nature même, la nature dans toute sa vérité et sa simplicité. Rien ne fut considéré par lui comme indigne d'attention; le moindre objet devait lui apprendre à voir, à interpréter, à trouver le ton juste. Tantôt c'était un marronnier d'Inde dont il détaillait les plus fines ramures; tantôt un mur de jardin dont il s'ingéniait à rendre les briques vétustes; ou encore un coin de véranda avec son plafond de verre et son accompagnement de vigne folle, auquel il travaillait des mois entiers, mais où il opposait, avec la virtuosité voulue, la transparence du verre à la fermeté de l'armature de fer et où il triomphait des difficultés de la perspective. Puis il s'attaqua à des sujets plus compliqués: ce fut un escalier

de chêne avec une échappée sur le jardin; ce furent aussi des figures; le domestique en train de jardiner; le même, grandeur nature, lisant son inséparable *Etoile Belge;* le même, encore, se rendant à la gare, une valise à la main. Dans ces dernières études il ne s'agissait pas exclusivement de camper le personnage, mais la rue, l'intérieur, le coin de jardin contractaient tout autant d'importance.

La rue surtout lui fut une inépuisable source d'études; la rue par tous les temps, sous tous ses aspects, sèche ou boueuse, ensoleillée ou tapissée de neige.

Il les a conservées ces études sévères mais fécondes. Saisissantes de vérité et d'une exécution scrupuleuse, elles disent l'opiniâtreté du peintre et sa fidélité au premier de tous les préceptes d'art: rendre la nature comme on la voit et dans ses moindres accessoires.

Ces travaux du débutant se ressentaient aussi de l'influence salutaire de Tadema. Celui-ci prenait fort à cœur les efforts de son courageux parent, il lui portait un intérêt sincère, mettait son atelier et sa maison à sa disposition; et il y a tout lieu de croire que l'affectueux commerce de Mesdag avec Tadema et sa famille contribua, pour une grande part, à développer chez lui le goût et

A la côte hollandaise, d'après le tableau du musée moderne de la Haye.

le sens de l'art et à anoblir sa vision des choses. Bientôt la demeure de Mesdag devint à son tour un rendez-vous d'artistes. Les meilleurs peintres belges s'y rencontraient avec leurs confrères hollandais qui s'étaient fixés à Bruxelles. Verwée et Verhas y voyaient fréquemment De Haas et Gabriel; c'était un terrain neutre où les éléments les plus variés étaient accueillis et où chacun avait son franc parler.

Mesdag et sa femme — car celle-ci participait non seulement à ses travaux mais partageait ses études — tiraient leur profit de ces passionnées discussions d'artistes. Après ces conversations, demeurés seuls, nos époux récapitulaient et pesaient ce qu'ils avaient entendu, et n'avaient de cesse avant d'avoir parfaitement pénétré ce qu'avait dit chacun de ces peintres de grande expérience, puis ils s'assimilaient ce qui, dans les théories exposées par leurs amis, pouvait

„Retour de la pêche au hareng"
D'APRÈS UN TABLEAU.

Retour de la pêche.

s'appliquer à leur propre cas. Lorsqu'il eut terminé ses études de rue, Mesdag loua un atelier un peu plus loin du centre de la ville, dans la rue Van de Weyer, et il recommença à peindre ce qu'il voyait au dehors par ses fenêtres. Son procédé de travail était des plus curieux. D'abord il peignait sur les vitres mêmes et dans les rapports exacts, ce qu'il découvrait à travers, puis il reportait ces esquisses sur du papier à décalquer et enfin il agrandissait le paysage sur la toile. Plus d'un bon tableau du maître fut peint de cette façon, entr'autres deux grandes toiles représentant des terrains vagues dans la banlieue bruxelloise, du côté de Schaerbeek : champs en friche avec des sablonnières à l'arrière plan, et, adossées à celles-ci, des masures de maraîchers avec des toits rouges et des murs blancs. Toutes deux traitent le même sujet mais par des temps différents. Ce furent ces deux tableaux, ainsi qu'une étude de moindres demensions et intitulée *Tas de Briques* — un tas de gravats et de matériaux à l'avant plan d'une bicoque en démolition — qui firent connaitre Mesdag au public bruxellois. Ils furent exposés dans une salle des Galeries Saint Hubert par le „Cercle des artistes Libres."

Envoyées à Groningue et à Amsterdam, ces œuvres y avaient passé inaperçues ou n'avaient été accueillies que par des haussements d'épaules, mais à Bru-

xelles, malgré certaine sécheresse d'exécution, elles excitèrent un vif intérêt tant
à cause de la naïveté et de la singularité de la conception, qu'à raison de leur
saisissante justesse, et on les tint pour la révélation d'un talent personnel,
pour de l'art vraiment inédit. Ce succès encouragea le peintre et en 1868
quand, l'été étant venu, comme tous les ans Mesdag se rendit à Groningue
pour visiter la famille et faire une villégiature à Norderney, le maître eut l'idée
de se mesurer avec la mer, d'éprouver ses forces en peignant le merveilleux
Océan. Durant des semaines le ciel et l'eau furent ses seuls „motifs," et il
s'en revint à Bruxelles, ses portefeuilles bourrés d'études dont il fit des tableaux
achevés. Grande fut la surprise parmi ses amis artistes de Bruxelles. Ces
études étaient une révélation. Il était incontestable qu'ici se manifestait la
réelle force de Mesdag, sa véritable originalité. Mariniste, c'était là ce qu'il
devait être. Nul avant lui, n'avait vu la mer ainsi. Les anciens, ceux du
dix-septième siècle avaient, à la rigueur, tenté aussi de transporter par le dessin
et la couleur le puissant élément sur leurs toiles; mais ils ne le montraient
qu'accessoirement, comme le théâtre sur lequel se livraient les glorieuses batailles
entre galions espagnols et trois-mâts hollandais. Peindre la mer pour elle-même,
pour sa beauté propre, la célébrer de toute autre façon, telle fut la mission,
la vocation de Mesdag. Là était sa véritable voie et son avenir.

„Peut-être un nouveau Courbet?" Tous avaient méconnu sa vocation, tous
avaient douté du sérieux de ses efforts. Ils avaient affecté de ne tenir les
productions de son travail assidu que pour fantaisies d'amateur; tous, tant
qu'ils étaient, ceux qui lui avaient vu abandonner sa paisible maison patrimo-
niale pour aller courir à Bruxelles la perpétuelle aventure du raté. Seul
Tadema avait eu foi en son talent: „Peut-être bien un Courbet?"

Mais au moment où il les prononçait Tadema lui-même ne se doutait point
de la portée de ses paroles. On était loin encore d'apprécier comme elle le
méritait cette École française de 1830. Il s'en fallait qu'on rendît hommage à
sa puissance créatrice, qu'on reconnût en ces novateurs, de véritables maîtres, qu'on
s'inclinât devant leur génie. Les traditions académiques prévalaient encore
contre l'originalité et la sincérité, et quiconque osait s'en affranchir s'accrochait
pourtant à de soi-disant traditions nationales et n'osait enrichir d'un apport
nouveau l'héritage glorieux des ancêtres. Le genre historique était considéré
comme le genre capital dans toutes les branches de l'art. En littérature il
n'y avait pas de salut ou du moins de véritable valeur en dehors du roman
et de la nouvelle historique. De même en peinture. Dans son compte-rendu
de l'exposition d'*Arti* de 1869, le critique Simon Gorter faisait un grief à la plupart
des exposants de ne pas avoir envoyé de tableaux d'histoire, en revanche il
félicitait chaleureusement le peintre Eggenberger d'avoir mis en peinture l'épisode
de la prise de la Brielle par les Gueux de mer. Cette toile d'Eggenberger
péchait par des fautes grossières, mais elle se rapportait à un fait historique
et il n'en fallait pas plus pour concilier au peintre l'admiration du critique
influent. Eggenberger s'était essayé à la peinture d'histoire et cela suffisait

Soir d'été, d'après un tableau à l'huile.

pour que Gorter embouchât à son profit la trompette de la renommée. Vingt ans avant Gorter, Potgieter donnait la même note dans son *Rijksmuseum* (Musée de l'Etat). Un nouveau musée vient-il à être édifié, le vestibule en est voué d'avance à une grande toile ou fresque, à une peinture historique; et Potgieter exhala son sentiment intime en une description du tableau de ses rêves. Le peintre belge Gallait était alors le peintre idéal de Potgieter.

„Pas un Meissonier; mais peut-être un nouveau Courbet!" Et redoublant de zèle et d'activité notre peintre poursuivait ses études de marine; mais créer est une souffrance et ces jours étaient des jours d'épreuves. Il ne parvenait à tirer parti de ces esquisses si vivantes. Tout un hiver se passa en tâtonnements, en recherches, en essais; chacun, voulant aider à l'accouchement, donnait un conseil, exprimait son opinion et cela le plus sincèrement du monde, mais tous étaient impuissants ou profanes; chaque tentative les déconcertait parce que nul n'avait vu la mer comme Mesdag. Dans la peinture de marines ses hauts et vastes horizons étaient une nouveauté; l'un prétendait qu'en cela consistait précisément l'originalité du peintre; mais un autre se demandait si pareils horizons existaient; si le peintre avait réellement pu les voir ainsi. De là des hésitations, des doutes, des timidités, des tiraillements; le peintre finissant par ne plus se retrouver lui-même. Evidemment, si Mesdag voulait peindre la mer, il lui faudrait séjourner à l'endroit où il pourrait l'observer chaque jour dans ses lignes infinies et ses colorations magiques, dans ses mouvements plus ou moins agités, dans sa vie essentiellement ondoyante et diverse.

On était au printemps de 1869 et M. S. van Houten avait été envoyé comme député aux Etats Généraux. Il s'était fixé à la Haye, rue Anne Paulowna, et une maison attenante à la sienne était vide. Ce fut dans cette maison que Mesdag s'installa avec son ménage, à la profonde surprise de ses confrères bruxellois qui ne pouvaient comprendre pourquoi il allait s'établir en Hollande, maintenant qu'il avait fait sa trouée à Bruxelles. Mais Mesdag savait bien ce qu'il faisait. Il se rendait tous les jours à Schéveningue et n'en revenait jamais sans une étude. La mer, la plage, le ciel, les effets de lumière sur l'eau, les reflets des nuages sur les vagues, ces vagues mêmes avec leurs lignes ondoyantes, leur déferlement mutin où leurs houleuses colères, tout cela formait le sujet d'études et d'observations continuelles. Quand aurait-il même assez étudié et assez vu! Innombrables sont les difficultés que l'art doit vaincre avant de pouvoir confier les secrets de la mer à la toile. Comment faire tenir l'infini sur quelques pieds carrés de toile! Considérez l'apparente uniformité de l'étendue, mais saisissez en même temps cette uniformité dans ses multiples et constantes variations; conciliez ces ondes perpétuellement agitées avec l'impression de repos absolu que leur étendue et leur masse vous donne simultanément; attrapez donc cette couleur, cette profondeur, ce lointain, cette mobilité! Contemplez à la fois l'immensité du ciel et la plaine liquide légèrement ondulée qui supporte le poids de l'horizon! Et tentez donc de fixer à coups de pinceau sur la toile, l'infini dans ses innombrables et incessantes transformations!

Dimanche matin, d'après un tableau.

Le peintre Mesdag avait l'amour de la mer et la foi en son talent; de ces deux vertus naquit l'espoir de réaliser un jour tout ce qu'il voyait, tout ce qu'il sentait, de saisir enfin les secrets de l'Océan par la magie de l'Art. Tous ses jours, toutes ses heures Mesdag les a consacrées à la recherche de cet absolu, à la conquête de cet idéal. Rembrandt, dit-on, se livra à quantité d'études du rire humain avant d'oser interpréter ce rire sur la toile. Qui dira jusqu'à quel point Mesdag fatigua ses doigts et usa ses pinceaux avant de nous communiquer tout ce que son art avait surpris des mystères de la belle, de la puissante, de l'immense Amphytrite? Ce n'est qu'à son opiniâtreté fervente, qu'à son abnégation pieuse, qu'à la répétition de ses efforts, qu'il sera enfin arrivé à rendre en vérité et en exactitude ce que l'Océan lui a révélé en beauté. Il s'était formé à l'école austère de la vérité inflexible avant sa première confontration avec l'océan, lors de laquelle il se révéla à lui-même; lors de cette découverte il jugea son talent assez solide pour oser s'attaquer à la mer; le moment était venu de justifier cette audace et de prouver que son pouvoir égalait son vouloir.

De ces multiples études sortirent deux importantes toiles destinées au Salon de Paris, de mai 1870. L'une représentait une vue de la plage de Schéveningue à la saison d'hiver. L'autre, la plus notable des deux, trahissait dans toute son ardeur, la passion de l'artiste pour la mer, son amour de la mer pour la mer, et ne montrait que les flots et l'horizon; des vagues écuman-

tes et mugissantes, c'était là toute la conception du tableau.

Le salon s'ouvrit et Mesdag s'en fut le visiter. Par une singulière coïncidence Courbet y était représenté aussi par deux marines. la première, la mer allant se briser contre un récif escarpé de derrière lequel émerge un chétif navire; l'autre ne figurant qu'une vague immense, le célèbre tableau *La Vague*

qui a été transféré du Luxembourg au Louvre. Mesdag en avait déjà entendu
parler; ses confrères en admiraient le sain et robuste naturalisme; cette peinture le ravit aussi, mais pour d'autres motifs. Cette pâte grasse et crâne,
l'idée puissamment exprimée, la patte du maître, le métier magistral, Mesdag
était le premier à les apprécier, et il reconnaissait la réelle supériorité du

peintre; mais quant à la poésie de la mer, à sa nature, cette *Vague* n'en
exprimait rien; Mesdag la connaissait mieux, lui qui la contemplait matin et
soir, qui s'efforçait chaque jour de la pénétrer et de la comprendre davantage,
à qui tous ses aspect et ses effets étaient devenus familiers. Magistrale, certes,
cette peinture de Courbet, et, à la rigueur poétique; mais lyrique et non épique.

Beaucoup pensèrent comme l'artiste Hollandais, on opposa les deux marinistes
l'un à l'autre, et incontestablement, la conception de Mesdag s'approchait le
plus de la nature et de la vérité. Toutefois Mesdag était loin de se douter à
quel point ses *Brisants de la mer du nord* s'étaient imposés à l'attention; il ne
soupçonnait guère que par son probe réalisme, par sa sincérité robuste et
émouvante cette toile avait été jugée digne de la distinction. A la surprise de
tous ses compatriotes, mais à sa surprise plus grande encore, son œuvre fut
couronnée, il décrocha la médaille d'or. A cette époque on était encore si
peu au courant et à la hauteur des choses de l'art à l'étranger, qu'un des
journaux artistiques mentionnant le fait, crut devoir y ajouter que Mesdag
était couronné pour „un travail original" (*voor eigen werk!*) Parmi les nombreuses
félicitations que ce succès valut à l'artiste neerlandais, celles de trois peintres
français, tous trois membres du jury et dont les conceptions et les vues sur l'art
étaient absolument différentes — Ziem, Chaplin et Jean Francois Millet — lui
furent particulièrement sensibles. A une paroi de l'atelier de Mesdag on
remarque encore, encadré, le simple et cordial autographe du génial Millet qui

avait si longtemps et si douloureusement attendu la reconnaissance et l'admiration qu'il méritait. Ces lignes de félicitations de l'illustre maître français auront été pour Mesdag un des encouragements auxquels il se montra le plus sensible. Peut-être même se sentit-il plus solennellement „consacré" par cette lettre que par la médaille qu'on lui conférait.

Tout souriait en ce moment à Mesdag. Sa toile, les *Brisants de la mer du Nord*, fut achetée par Chaplin. Son nom d'artiste fut connu de tout l'univers. La veille, à peine nommé, comme une quantité négligeable, il était devenu subitement un personnage considérable, un homme d'importance. Le vieux monsieur Jacobson dont le cabinet de tableaux, dans sa maison près du bois de Bezuiden, à la Haye, jouissait d'une légitime réputation, vint relancer Mesdag, désireux de voir ce mariniste couronné et aussi ce qu'il faisait. En fait de célébrités parmi les maristes florissaient alors Louis Meijer et J. G. Schotel; ceux-ci étaient représentés dans la galerie Jacobson, et le collectionneur était tout particulièrement féru de son Schotel. Mais après avoir vu et compris l'œuvre de Mesdag, M. Jacobson fut forcé d'avouer que Mesdag lui avait gâté son Schotel.

Ce succès inattendu fut pour l'artiste un nouveau stimulant. Il poursuivit ses études avec une ardeur nouvelle. Sur ces entrefaites il s'était décidé à se fixer définitivement à la Haye, et, à cet effet, il se fit construire un petit hôtel dans l'avenue de Meerdervoort, qu'il vint occuper dès l'automne de 1870. En outre il louait en permanence une chambre à Scheveningue, dans la villa Zeerust, chambre qu'il échangea plus tard contre une autre, à l'hotel Rauch. Cela afin de pouvoir observer aussi la mer par les tourmentes et les tempêtes et prendre des esquisses de l'élément indomptable ainsi que des fragiles esquifs servant de jouets à ses flots. Les „pinques," ces batelets inséparables de la plage de Scheveningue, qui y prêtent une vie si particulière et jettent des notes si caractéristiques dans la gamme des couleurs, fourniraient déjà, pris à part, d'excellents sujets de tableaux. Ces frêles embarcations le peintre les a disséquées, étudiées, dessinées jusqu'à ce qu'il les eût connues et pénétrées, à fond, jusque dans leurs moindres détails. Il les a représentées délabrées et au repos, ou prêtes à appareiller, à l'ancre ou échouées dans le sable, ou dansant sur les flots. De retour à la maison ces études étaient soigneusement fixées et servaient de base, de point de départ à de nouvelles études. Et de ce travail préliminaire sortit le tableau que Mesdag exposa en 1871 à Rotterdam: la *Princesse Sophie*, la barque nouvellement construite de l'armateur De Jager. La vie des pêcheurs de nos côtes a aussi inspiré plus d'une œuvre de Mesdag. Tantôt ce sont les pêcheurs de crevettes, qui, dans une attitude courbée et de l'eau jusqu'aux genoux, s'évertuent à traîner le lourd filet sur la plage sablonneuse; ou d'autres travailleurs de la mer portent l'ancre jusqu'au bateau, ou c'est encore le va-et-vient de charrettes chargées de filets et de poisson.

Schéveningue même, le village si pittoresquement tapi près des dunes, avec

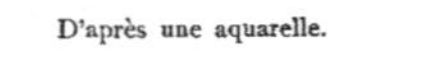

D'après une aquarelle.

ses hameaux non moins savoureux, a souvent été traité, surtout en hiver, par Mesdag. Ces hameaux situés au penchant de la dune sont d'un dessin magistral, à la fois solide et minutieux; et l'on admire les mâts des bateaux de pêche dépassant la crête des collines de sable. Ces années 1875 et 1876 sont pour le peintre une époque d'activité extraordinaire, à laquelle appartiennent un très beau paysage des environs de Groningue et aussi (1876) un superbe portrait de son père.

Avec les années le bonheur n'avait pas abandonné Mesdag. Infatigable à la tâche, il multipliait les créations qu'il exposait dans tous les coins de l'Europe et jusqu'en Amérique. L'étranger lui prodiguait les commandes et aussi les honneurs. Bronzes, médailles d'or, témoignages de sympathie sous la forme de lettres, encouragements et distinctions officielles, croix d'honneur et brevets, lui arrivaient tous les jours.

Particularité curieuse, c'est de la Belgique, du pays où il avait commencé ses études, du pays de ses ancêtres qui furent obligés de le fuir lors des guerres de religion, au XVIe siècle, que lui vint sa première décoration. Le gouvernement français, aussi, lui a plus d'une fois témoigné sa haute admiration. Il lui a acheté notamment deux tableaux pour ses musées. En 1888, ce fut un *Soleil Couchant*, qui se trouve au Luxembourg. Le disque flamboyant, d'un rouge de sang, va disparaître à l'horizon, mais avant de se plonger dans la mer, en guise d'adieu, il inonde le ciel et l'eau de ses flots de pourpre; le ciel nuageux rayonne de mille couleurs; la mer infinie agite un trésor de pierreries liquides que les vagues entraînent vers la plage pour les y répandre avec un sourd fracas.

L'autre tableau, *Avant l'orage*, exposé en 1890 au Salon du Champ-de-Mars, n'est pas moins puissant et grandiose. L'immense nappe d'eau est encore paisible, mais c'est le calme oppressant qui présage la tourmente; déjà les nuées d'un gris de plomb s'accumulent à l'horizon, elles ne tarderont pas à entrer en collision; elles offusquent le soleil dont les rayons ne parviennent plus à les traverser que ça et là, et qui répand des bandes de lumière jaune sur la mer opaque et grise. Le jeu de lumière découpant les nuages en silhouettes sur le fond du ciel, est des plus émouvants. Les ombres pesantes et sinistres écrasent la masse des flots, avant-coureurs de la tempête qui les fera se soulever en montagnes d'écume vers le ciel. Dans ce tableau l'exécution magistrale est à hauteur de la puissante conception.

Depuis 1870, Mesdag était représenté tous les ans au Salon par deux importantes toiles à peu près de la même dimension que celles qu'il y envoya la première fois. En 1890 lorsque les artistes, sous la présidence respective de Bouguereau et Meissonier, se scindèrent en deux groupes, dont le premier resta fidèle au Salon des Champs-Elysées, Mesdag, avec Roelofs, se rallia à la Société Nationale des Beaux-Arts et exposa dorénavant au Champ-de-Mars sur les terrains de l'Exposition Universelle. C'est avec un véritable enthousiasme que chaque année Mesdag dispose ses grandes toiles vierges sur les

Crépuscule, d'après un tableau à l'huile.

Pink (bateau de pêche) rentrant au port, d'après un tableau.

chevalets et qu'il entrepend ses créations en vue de Paris. Toutes représentent le plus éloquent témoignage de la variété et de la puissance du talent
de Mesdag. La mer n'offre point le même aspect durant deux heures; jamais,
de son côté, le peintre ne traite deux fois le même moment. Tantôt c'est le
lever du jour sur la plage qui sollicite l'artiste et l'invite à reproduire sur la
toile, le jeu de la lumière et des nuages; une autre fois le mariniste est frappé
par le caractère particulièrement estival d'un soir sur la mer, et il parvient à
traduire son impression avec une telle justesse, une telle perfection, que, nous
aussi, nous nous trouvons sous l'influence de cette eau assoupie et huileuse
au-dessus de laquelle processionnent des nuées paresseuses et presque pâmées.
Mais la mer du Nord en plein hiver, par des temps de neige et de glace
n'offre pas des spectacles moins intéressants que ceux de l'été. Ceux qu'elle

nous procura durant les mois d'hiver de 1891 furent particulièrement magnifiques.
Les glaçons s'entassaient avec une violence farouche sur les brise-lames comme
sur la plage. Les poissons crevèrent par milliers et les mouettes faméliques
parcouraient l'espace en poussant des appels désolés. Les sifflements d'une
bise glaciale dominaient ces plaintes. Les péniches avaient été retirées de
l'eau et garées presqu'au sommet des dunes; et leur masse noire se détachait
sur la neige aveuglante. Une seule embarcation avait été emprisonnée par
les glaces, et la population s'efforçait énergiquement, de la dégager à coups
de maillets, de barres de fer, et de harpons. C'est cette scène que peignit
Mesdag. La barque de pêche est isolée au milieu des énormes glaçons. Elle
se détache avec coquetterie sur la glace luisante et l'atmosphère grise.
Mignonne et brave, elle est harcelée par la tempête qui secoue ses amarres, la
soulève à moitié et souffle dans la voile jaune qu'elle enfle comme un ballon;

cette voile jaune qui jette une note délicieuse et cordiale dans l'éclatante harmonie des tons blancs. Ce tableau est, sans conteste une des œuvres les plus géniales du maître 1).

Mais tout en envoyant ses toiles dans les grandes expositions de l'étranger, Mesdag ne néglige point les Salons de son pays. Il participe régulièrement, par des aquarelles crânement lavées, aux expositions de Pulchri Studio et à celles de cette „Société de Dessin" qu'il fonda en 1876 avec Mauve et Maris et qui n'a pas peu contribué à porter le renom des dessinateurs et aquarellistes néerlandais, à l'étranger. En 1875 l'administration communale de la Haye a acquis un Mesdag pour le Musée Moderne de la Résidence. Le musée Boymans possède un *Soir d'Eté* et la *Vague*, une impressionnante masse d'eau et de ciel. Au Musée de l'Etat d'Amsterdam figurent aussi deux remarquables toiles du grand mariniste.

Ce qui distingue l'art de Mesdag, c'est la fraîcheur et la puissanc de ses créations, leur originalité et leur vérité. Réaliste dans la saine acception du terme, le peintre rend la réalité qui l'entoure sans songer à la flatter. „Tout peut être exprimé, dit-il souvent, à condition d'attraper le ton juste." A un œil juste et perçant il ajoute d'autres dons: un pinceau habile et une nature active. Ses études continuelles et approfondies lui out permis, depuis de nombreuses années déjà, d'attraper avec une étonnante précision la forme et le caractère des choses par de larges et fermes coups de pinceau. De nombreuses créations prouvent la victorieuse bravoure avec laquelle il s'est attaqué aux aspects les plus variés et les plus déconcertants de la nature. Sous ce rapport, et de l'avis du peintre même, le Panorama dans la Zeestraat à la Haye, est peut-être un de ses chefs-d'œuvre. Ce panorama lui fut commandé par une société belge qui lui donna carte blanche pour le sujet.

Naturellement le peintre songea à s'inspirer de son cher Scheveningue, et notamment de la vue dont on jouissait du sommet de la dune de Seinpost, cette dune dont la blancheur aveuglante se dressait en face de l'embarcadère des canots de balade, et qui fut condamnée depuis. De ces hauteurs on dominait tout le pays circonvoisin, c'est-à-dire que le regard embrassait le plus beau panorama imaginable. C'est donc sur celui-ci que s'arrêta le choix de l'artiste. Il se rappela fort opportunément sa façon de travailler autrefois dans son atelier de Schaerbeek, près de Bruxelles. Il se fit construire, à cet effet, un appareil original, qu'il installa dans les dunes: une sorte de lanterne de phare ou de cloche à verres bombés sur lesquels il représentait, dans de justes proportions, tout ce qui l'entourait. Il transporta le tout sur une toile au centième de la grandeur que devait avoir le panorama. Cette belle esquisse ainsi que les parois de la cloche de verre sont encore visibles aujourd'hui à l'exposition permanente des œuvres de Mesdag et de Mme Mesdag-Van Houten. Après s'être livré encore à quelques études partielles l'artiste s'attaqua à la

---

1) Le *catalogue illustré* du Salon en donnait un bon dessin.

Après midi dominicale sur la plage de Scheveningue, d'après un tableau à l'huile.

confection du panorama même. Avec sa femme et ses confrères De Bock et Breitner, l'artiste y travailla, cinq mois pleins, sans relâche, depuis le matin jusqu'à la chute du jour. L'œuvre ayant été terminée souleva l'admiration générale. C'est vraiment une merveille. On croit se trouver en réalité, au milieu de la nature, au sommet des dunes. De quelque côté qu'on se tourne, le regard se perd dans l'espace infini. La mer s'étend devant nous, avec sa physionomie d'un beau jour d'été, immense et superbe; çà et là le reflet d'un nuage assombrit le vert de ses vagues; à l'horizon d'un bleu indigo on la voit fuir vers Katwyck en passant par toutes les dégradations, et les barques lointaines se détachent sur ces couleurs vives comme de luisantes taches blanches. Les vagues se heurtent et se brisent contre les chaloupes de pêche, dont les voiles à filets se découpent comme une dentelle. Une grande animation règne sur la plage où un convoi d'artillerie vient de déboucher à fond de train. Par-dessus l'hôtel Rauch et le clocher rustique, les yeux plongent sur le village avec son fouillis de toits rouges ou bleus, puis, au delà, sur les dunes mamelonneuses qui s'étendent à perte de vue et sur la région boisée d'où surgit la Haye. Le tout est baigné d'une fine atmosphère bleuâtre dans laquelle flottent de légers flocons de nuage; d'un côté, derrière les dunes, des nuées plus épaisses forment une masse aux tons sombres. A part l'artillerie galopant sur la plage rien dans cette œuvre immense ne révèle qu'une autre main y a travaillé que celle de Mesdag. Tout décèle une grande unité de conception. „C'est admirable, écrivit Antoine Mauve, le 3 juillet, à Mesdag, sous l'impression de sa visite au Panorama, l'air, les flots, le tout concilie la vérité et l'art, sans la moindre recherche de l'effet." Rien de plus mérité que cette appréciation. Ce panorama est vraiment une œuvre gigantesque; l'artiste y a mis toute sa conception de l'art; elle donne l'illusion de la réalité en même temps qu'elle vibre du sentiment artistique le plus pur; l'aspect, la couleur, la forme des objets y sont rendus exclusivement par de simples procédés et moyens de maître-peintre, sans qu'il ait fallu recourir, même pour les avant-plans, à ces trompe-l'œil au moyen desquels la plupart des peintres de panoramas parviennent à faire fuir leur perspective.

Mesdag a dédaigné ces moyens matériels. Rien de plus saisissant et de plus poétique à la fois. L'inauguration du panorama eut lieu le 1er août 1881; le 6 du même mois une imposante manifestation s'organisa en l'honneur des auteurs de cette œuvre superbe; leurs confrères se rendirent en cortège chez eux pour les féliciter. Les lauriers qui couronnèrent son travail gigantesque ornent encore aujourd'hui l'atelier de Mesdag. Ils lui rappellent un des plus beaux triomphes de sa vie: comment il parvint à vaincre les plus grandes difficultés techniques, et à transporter dans toute sa réalité, mais avec le prestige de l'art, la nature même sur la toile.

C'est avec une entière satisfaction que Mesdag peut considérer rétrospectivement sa généreuse carrière. Certes, des ombres se mêlèrent à sa vie, il connut des jours pénibles de privations et de luttes; mais son travail a été

L'atelier de Mesdag, gravure sur bois d'après une photographie.

récompensé, la fortune a fini par lui sourire. On sait que l'activité et la puissance créatrice de Rubens augmentaient à mesure que croissait sa prospérité matérielle; on peut en dire autant de Mesdag. Il connaît la valeur du temps et aussi d'une bonne distribution du travail. On le trouve chaque matin installé devant son chevalet dans le sanctuaire bâti, meublé et accommodé à son goût. C'est une vaste pièce carrée dont un des côtés est entièrement pris par une haute et large baie ouvrant sur le parc et le bois de Zorgvliet et laissant pénétrer à flots la lumière dans l'atelier. C'est une lumière douce et discrète qui se répand uniformément sur les toiles grandes ou petites dressées sur les chevalets en attendant le coup de pouce et réfléchies par une glace disposée à côté de la baie. La discrétion de la lumière est encore augmentée par la couleur brun-foncé du plafond dont la poutre transversale s'orne d'une draperie composée de filets de pêche, laquelle s'harmonise admirablement avec les cuirs dorés et gaufrés, et les riches gobelins des parois. Le lambris aussi est d'une chaude couleur brune s'accordant à l'envi avec le plafond, les trumeaux et les panneaux peints des portes. Nombre d'artistes peignirent les sujets de ces panneaux: Jacob Willem Maris, Henkes et Blommers, Sadée et Mauve, Vakken et Van den Berg; Mesdag lui-même en a rempli quelques-uns. En face de la grande baie vitrée, toute la paroi est prise par une colossale armoire en vieux chêne sculpté, garnie de potiches du Japon, de bronzes d'art, et d'une série complète de minatures de bateaux dont la voilure d'un blanc jaunâtre se détache agréablement sur le ton sombre du chêne. De quelque côté que les yeux se tournent, partout ils reposent sur des objets riants ou cordiaux, partout ils sont caressés par l'harmonie des couleurs et des tons. Le repos le plus complet règne dans cette vaste pièce, où le cerveau de l'artiste, créateur infatigable, ne cesse d'entasser production sur production; où son talent a prouvé par des actes que son audacieux vouloir était aussi servi par un puissant pouvoir.

JULIUS JACOBUS VAN DE SANDE BAKHUYZEN.

PAR

LEWIS MULDER.

Paysage à Drenthe, d'après un tableau, appartenant à M. David Evans.

JULIUS JACOBUS VAN DE SANDE BAKHUYZEN.

Quel homme enviable que le biographe de Rubens! Non seulement parce
que Rubens était un superbe artiste, mais parce qu'il mena une vie
mouvementée et accidentée que ne connurent que peu de peintres avant ou
après lui. Enfant, il fut page de la comtesse de Lalaing; jeune homme, peintre
particulier du duc de Mantoue; enfin à l'âge mûr, diplomate et conseiller de
ces princes, ambassadeur à Londres où il négocia la paix entre Philippe IV et
Charles Premier; à l'âge de cinquante trois ans il épouse une beauté à peine
âgée de seize ans, et dix ans après on lui fait des funérailles princières. Et
malgré ses voyages et ses missions il trouvait le temps de peindre plus de
1500 tableaux, parmi lesquels ils s'en trouve de dimensions colossales.

Quelle source inépuisable s'offre à celui qui voudrait se constituer le reporter

de cette existence! Comment ne pas trouver, pour raconter cette vie pittoresque,
des couleurs presque aussi éclatantes que celles qui ornaient la palette du prince
des peintres. C'est d'abord la question de son berceau. Quelle rivalité et quelle
lutte entre Anvers et Siegen, contestation se terminant par la défaite de
l'orgueilleuse métropole commerciale, forcée de céder à l'humble villette du duché
de Nassau l'honneur d'avoir vu naître le grand artiste. Et, par la suite, quelle
succession de victoires et de triomphes; quels honneurs et distinctions répandus
sur le favori de l'art et des Rois; quel cortège de disciples et d'adorateurs;
quelle généreuse matière pour composer de riches et éclatants tableaux! Et
cela avec le recul de deux siècles et demi, recul assurant encore plus de jeu
à la fantaisie!

Mare près de Noorden, d'après une aquarelle.

C'est avec un soupir de nostalgie que je songe à cette vie décorative, tandis
que je m'assieds devant ma table de travail pour tenir ma promesse et parler
de notre contemporain bien vivant, Julius van de Sande Bakhuyzen. On ne
s'imagine point antithèse plus frappante qu'entre ces deux existences. Là bas,
la vie en plein, la fièvre, le mouvement, l'éclat et le prestige; — ici, le calme
et la simplicité: un torrent impétueux opposé à un paisible canal de Hollande.

Quand Scheltema, le savant archiviste d'Amsterdam, fit, certain soir. il y a
cinquante ans, une conférence, à la Société *Arti*, sur Barthélémy van der Helst,
il commença en ces termes: „Mesdames et messieurs, je me suis proposé de
vous parler ce soir de Barthélémy van der Helst. J'ai remué à cette fin toutes
les archives mais sans rien y trouver qui le concernât." Je pourrais débuter
à peu près de la même façon, avec cette différence que je n'ai guère eu à

fouiller dans des archives, opération que j'abandonne volontiers aux fureteurs de l'an 2000; mais en revanche j'ai eu l'avantage d'être lié depuis de longues années, avec Julius Bakhuyzen, de connaître et d'apprécier son œuvre, et de m'entretenir souvent de lui avec ses pairs — archives vivantes que celles-là — et que je consulte de préférence aux autres.

La vie de Bakhuyzen est le contraire de ce qu'on est convenu d'appeler une vie mouvementée. Elle le fut même si peu que depuis sa naissance jusqu'à ce jour il n'a pas déménagé une seule fois. Dans la même maison où il demeure aujourd'hui encore, dans sa propre maison, située au No. 142 du Nieuwe Haven

Etang près de Wassenaar, d'après une étude à l'huile.

à la Haye, il vit la lumière du jour le 18 juin 1835, c'est-à-dire juste vingt ans après la bataille de Waterloo, et, à moins d'événements imprévus sortant de l'ordre des probabilités, il est plus que probable que c'est en ces pénates qu'il donnera ses derniers coups de pinceau. Il lui serait du reste on ne peut plus pénible de quitter cette demeure: trop de souvenirs s'y rattachent. C'est là que son père H. van de Sande Bakhuyzen, le paysagiste bien connu, a vécu et travaillé; c'est là qu'il a élevé ses quatre fils et ses deux filles, cette crâne et vaillante progéniture qui aura contribué peut-être encore plus que lui-même, à illustrer et à faire honorer ce nom de Bakhuyzen en pays néerlandais. Le frère aîné de Julius est le savant recteur du gymnase d'Utrecht; les deux autres sont professeurs d'astronomie à Leiden; sa sœur aînée est le peintre de fleurs si apprécié, la fidèle compagne de Julius qui partage son atelier et sa gloire. Et en dehors des enfants mêmes de la maison, si noblement préparés par le père Bakhuyzen pour tenir un beau rang dans le monde intellectuel, combien d'amis, tous célèbres, furent les commensaux de ce foyer. Immerzeel, Huib van Hove, les deux van Deventers, Roelofs, van Raden, Heppener, van der Maaten, ter Meulen, tous ont commencé ou poursuivi leurs études, comme élèves, dans cet atelier historique où le vieux paysagiste travailla jusqu'à sa mort survenue en 1860.

Une solide maison de style ancien que ce N° 142. Elle compte près d'un siècle et, comme toutes les patriarcales demeures de ce temps, elle présente moins de façade que de profondeur. Dès l'entrée, le vestibule avec son lambris de vieux chêne vous impressionne agréablement. Ni stuc, ni peinture; tout y est franc et cossu. A gauche, l'antichambre; derrière, une autre pièce; puis une chambre ménagère avec laquelle communique la cuisine; et après celle-ci un escalier; et encore une chambre; et le long de cette enfilade règne un interminable corridor, au carrelage en damier, aboutissant à la porte vitrée du jardin, porte à travers laquelle se produisent, le matin, de si merveilleux effets de lumière que Pieter de Hooch en eût été jaloux. Plus d'une fois Bakhuyzen a été tenté de peindre ces prestiges et il est à espérer qu'il satisfera cette envie. Au fond du corridor est aussi l'escalier étroit et escarpé comme dans la plupart des vieilles demeures bourgeoises. Il mène à l'atelier. Montez, puis frappez à cette petite porte de droite. „Entrez!" vous crie hospitalièrement le maître, et il vous accueille par un cordial: „Tiens, c'est vous?" (Je suppose que vous êtes de ses amis). En un clin d'œil il a déposé palette et pinceaux sur la table, sur une chaise ou même sur le parquet; et vous avez beau insister pour qu'il ne se dérange pas et qu'il continue à travailler, rien n'y fait: „J'allais justement bourrer une pipe!" dit-il pour vous mettre à l'aise. Je ne crois même jamais l'avoir surpris chez lui qu'au moment où il songeait à interrompre son travail pour allumer une bouffarde. A force de vivre à la campagne avec les paysans il a contracté nombre de leurs tics et de leurs tournures de langage. Ainsi il commencera presque toutes ses phrases par *Nou*, l'*à propos* ou l'*ah ça!* du Français, et il les terminera par le *hoor*, l'interjection familière correspondant à nos *hein?* et à nos *quoi?*

Le maître de céans ayant donc allumé son brûle-gueule et vous ayant offert un cigare, vous pouvez compter sur une longue et savoureuse causerie, car, malgré son activité dévorante, le peintre a toujours du temps disponible pour se tenir au courant par la lecture et la conversation

Des tableaux achevés à moitié ou aux trois quarts se dressent sur les chevalets. Il est rare qu'on en voie de complètement terminés, car Bakhuyzen

D'après un tableau du musée de l'Etat, à Amsterdam.

appartient à ces artistes privilégiés qui, en dépit d'une production énorme,
livrent leurs ouvrages avant que le vernis ait eu le temps de sécher.

Pour le reste l'atelier ressemble à beaucoup d'autres chantiers du même genre:
les parois en sont tapissées ou
revêtues d'esquisses, de photographies, de gravures, d'eaux-fortes,
de carreaux de Delft, de pièces de
cuirs cordouans ou de Gobelins. On
y admire un intéressant tableau
du père Bakhuyzen, un paysage
des environs d'Oosterbeek. C'est
la reproduction d'une toile acquise
autrefois par un quaker américain
qui l'emporta à Philadelphie. L'ori-
ginal y obtint tant de succès que le peintre dut en fournir au moins dix copies ou 
reproductions. Le cheval brun représenté dans ce paysage avait surtout enthou-
siasmé les Yankees. Pas un collectionneur qui ne voulût enrichir sa galerie
d'un „Oosterbeek horse".

L'atelier est encombré d'études. Il y en a sur tous les meubles et dans tous
les coins; l'artiste consultant tantôt l'une tantôt l'autre de ces „impressions"
passées, pendant qu'il procède à la confection d'une œuvre nouvelle. Une partie de
la vaste pièce est occupée par Mlle van de Sande Bakhuyzen, sœur de Julius, qui
a dressé son chevalet devant l'une des deux larges fenêtres, parmi les fleurs,
ses modèles et ses favoris, dont elle interprète les charmes avec tant de
ferveur. Une armoire antique adossée à une des parois et un vieux sofa placé
près de l'autre fenêtre, complètent le mobilier de cette chambre de bon travail.

N'oublions pas une petite table basse sur laquelle repose un échiquier dont
les figures attendent la reprise d'une partie interrompue ou la solution d'un
problème difficile proposé dans la dernière livraison d'*Ueber Land und Meer*;
car notre peintre est un amateur passionné du noble jeu inventé par le grec
Palamède ou par le bramine Sissa. Enfin, signalons une autre table encore
couverte de toute sorte de paperasses: carnets de croquis, circulaires, lettres de
convocation, annonces de salons et de ventes, comptes et registres de la société
Pulchri Studio dont Bakhuyzen est trésorier, submergeant et enlisant un pot à

tabac, une caisse de cigares et un encrier. Et vous vous ferez une idée du milieu
familier dans lequel, il y a plus de trente ans, il inaugura sa carrière difficile et
absorbante, qui devait lui valoir une place d'honneur parmi nos peintres néerlandais.

On peut dire de Julius Bakhuyzen: tel artiste, tel homme. Son œuvre corrobore l'effet que l'homme vous aura produit dans son atelier: elle est simple, sans prétention, mais solide. Les événements sensationnels et tapageurs sont aussi rares dans sa vie d'artiste que dans sa vie privée. Jamais il ne traversa l'empyrée artistique comme un météore éblouissant; jamais il n'est entré dans le temple de l'art d'un pas si conquérant que les mûrs en tremblaient et en perdaient leur plâtre; jamais un tableau exposé par lui n'a divisé l'armée des critiques en deux camps, dont l'un exaltait son œuvre jusqu'aux nues et dont l'autre la traînait littéralement dans la boue. En revanche jamais il n'a signé une toile comme on n'en voit que trop aujourd'hui et dans le

Etang près d'Uelzen (Hanovre), d'après une aquarelle.

genre de celle dont le *Punch*, rendant compte d'une exposition à Londres, disait qu'elle était un chef-d'œuvre de l'art moderne, mais en formulant cette légère critique, qu'on ne pouvait distinguer si elle représentait le portrait du duc de Wellington ou bien une cascade au clair de lune.

Non, son art possède la solidité, la clarté, la probité que nous admirons dans les œuvres de nos vieux maîtres Hollandais. Eux aussi étaient naturalistes et impressionnistes dans le sens juste de ces mots.

Les impressions qu'ils ressentaient, ils ne tentaient pas de les rendre par un vague jeu de couleurs, mais par une représentation concrète de la nature. Cette nature ils l'avaient étudiée religieusement toute leur vie et ils parvenaient à en reproduire magistralement les plus fins détails. Comme eux, Bakhuyzen sait non seulement ce qu'il veut, mais son talent arrivé aujourd'hui à la pleine mâturité joint la puissance au vouloir. Franc et loyal comme il se montre dans la vie quotidienne, il s'affirme aussi dans son art. Et, pour me servir d'une amusante façon de parler des Hollandais, quand il a dit oui c'est oui, et non c'est non, son chêne est de vrai chêne et ses vaches ont quatre pattes.

Il y a peu de chose à dire de ses commencements. Il n'a pas débuté très tôt. Aussi ne peut-on lui appliquer cette parole de Van Hooft: l'enfance résume généralement la destinée de l'homme futur. Mais s'il a relativement tardé à rendre ses impressions, ce n'est pas à dire que celles-ci manquaient d'ardeur, d'intensité et de vertu obsédante. Que d'heures il passait dans le „Dekkersduin," un paradis de la jeunesse d'alors, à observer la course des nuages et le jeu des couleurs et de la lumière! Et combien de fois ne s'est-il pas écrié en face du magnifique panorama qui se déroulait devant lui: „Ah! que ne puis-je peindre tout cela!"

Son vœu naïf se réalisa. A quinze ans il avait définitivement choisi sa vocation et pris place parmi les élèves de son père. Celui-ci était

Reproduction d'après une aquarelle.

un artiste consciencieux doublé d'un maître sévère. Le précepte d'Ingres: „le dessin est la probité de l'art" était aussi le sien; en conséquence il exigeait de ses élèves qu'ils dessinassent beaucoup et soigneusement. Attachant une importance capitale au travail d'après nature il leur faisait faire d'innombrables études à l'aquarelle, en plein air, afin de développer chez eux le don d'observation et de leur faire acquérir la justesse ainsi que la fermeté dans l'exécution. Le jeune Bakhuyzen fréquenta aussi l'Académie de Dessin de la Haye où, sous la direction du professeur Van den Berg, il se perfectionna dans le dessin de la figure, ce qui lui permit plus tard d'étoffer si agréablement ses paysages. Peu d'artistes excellent même comme lui dans cet art. Seul Bosboom peut rivaliser avec lui sous ce rapport. Les figures de Bakhuyzen, qu'elles représentent des personnages ou des animaux, des troupeaux de moutons ou des vaches au pâturage, s'harmonisent et se fondent intégralement avec la nature qui les entoure. Leur forme, leur couleur, leurs proportions, le plan qu'ils occupent, tout est admirablement calculé pour communiquer au tableau une vie et une poésie intenses.

L'influence du talent paternel se fit fatalement sentir dans les premières productions du fils. L'œuvre de tout débutant ressemble toujours, plus ou moins, à celle de celui qu'il a choisi pour modèle. Mais le jeune artiste ne tomba point dans l'imitation servile. Il n'était même pas toujours d'accord

Moulin près d'Eext, à Drente, d'après une étude à l'huile.

avec son père dans la façon de concevoir un tableau. Il commençait aussi à étudier les grands maitres de l'Ecole française qui venaient de frayer des voies nouvelles à l'art du paysage. A mesure que son talent se développait, sa personnalité s'imposait de plus en plus. Bakhuyzen avait vingt-cinq ans à la mort de son père, en 1860. Les premières manifestations de son talent accusent encore une étroite parenté avec les productions des paysagistes de ce temps. Koekkoek, Calame et d'autres donnaient alors le ton, et, en tant que paysagiste, Bakhuyzen senior appartenait à leur école. Quoique les jeunes d'aujourd'hui aient poussé trop loin le dénigrement de ces peintres, il faut

convenir que leur façon de comprendre l'art était assez étroite. C'était incontestablement d'excellents dessinateurs, de minutieux interprètes des formes
extérieures et apparentes. Seulement ils ne paraissaient guère se douter que
l'arbre aussi possède une âme, ou, mieux, qu'un arbre ne doit pas être le but
mais seulement le moyen pour traduire l'impression que le spectacle des
ambiances produit sur l'âme de l'artiste. La réaction ne tarda pas à se faire
sentir. On était excédé de ces feuillages laborieusement blaireautés, de ces
arbres apprêtés et guindés. La réprobation alla même trop loin. En haine
de ces arbres trop pimpants, on proscrivit tous les arbres quels qu'ils fussent.
Le discrédit faillit même atteindre le paysage, le genre même. Et un des
principaux mérites de Bakhuyzen sera d'avoir réhabilité ces pauvres arbres et
même de les avoir remis en honneur.

Il n'est pas possible de caractériser nos paysagistes actuels par un seul mot.
En général leur talent est trop complexe pour qu'on puisse les spécialiser.
Toutefois il en existe qu'on pourrait appeler par excellence les peintres des
étangs hollandais, avec leurs compagnies de canards et leurs roseraies frémis-
santes, ou des berges de canaux avec leurs saulaies humides de rosée et
réjouies de soleil. D'autres se complaisent dans les succulentes prairies où
festoient les vaches gourmandes, ou bien dans les ruisseaux argentés se perdant
à travers l'immensité de la Bruyère. S'il s'agissait d'assigner à Bakhuyzen la
place qu'il occupe dans ce concert de paysagistes, nous l'appellerions le peintre
des opulents rideaux d'arbres, des bouquets de feuillage, des luxuriantes futaies.
Certes, il est loin de se confiner dans une spécialité. Il n'est point exclusif.
Plus d'une fois il a peint des vues de ville, des canaux et des coins de la Haye,
des bruyères nues, des mares et des dunes; mais il se sent attiré surtout par
les sites dont un imposant massif de feuillage forme le motif principal. Non
point qu'il s'applique partialement à peindre un beau chêne ou un hêtre décoratif; ils demeurent toujours les accessoires de tout le morceau ou plutôt ils
sont subordonnés à l'impression d'ensemble qu'il a voulu rendre. Il choisira aussi
de préférence un paysage brillant et coloré, et il reproduira avec une rare
émotion la jouissance que l'on goûterait devant la nature même. Toutefois
les sentiments subtils et raffinés ne sont pas son fait. ,,L'art, c'est la nature
vue à travers un tempérament" a dit Emile Zola. Aussi, on respire dans les
toiles de Bakhuyzen la sérénité, la vaillance et la robustesse qui forment le
fond de son caractère. Cela n'empêche qu'à l'occasion il exprimera magistralement une émotion plus dramatique qui l'aura secoué. Je n'en veux pour
preuve que son *Etang dans* le *Bois de La Haye*, exposé en 1875 et appartenant à M. Coninck Westenberg. C'était pendant l'automne de 1870, l'année
terrible. Les nouvelles qui nous parvenaient chaque jour et à toute heure
étaient comme d'atroces cris de mort, les hurlements d'une meute dévorante.
Une buée de sang semblait s'élever de chaque journal, de chaque bulletin
télégraphique. Un soir, pour secouer l'impression lugubre que tous ces échos
de tueries produisaient sur lui, Bakhuyzen alla chercher le calme et l'isolement

Katwijck, vue de l'intérieur.

dans le bois de la Haye, et, arrivé près du grand étang, il fut irrésistiblement touché et remué par ce paisible paysage nocturne qui imprégnait son âme d'une quiétude et d'un recueillement vraiment balsamiques. La violence du contraste, le repos de la nature, le calme absolu, étendus comme un voile sur le miroir de l'eau et la futaie majestueuse, agirent efficacement sur ses nerfs exaspérés, et aussitôt s'éveilla en son âme d'artiste le désir impérieux de donner aux dispositions dans lesquelles il se trouvait la plus éloquente expression plastique. Il se rendit sur le champ à son atelier et jeta sur la toile à grands traits l'ébauche de la composition passionnée et à jamais célèbre qui fit sensation au Salon de l'année suivante et qui lui valut la grande médaille d'or.

En apparence ses tableaux sont de toute simplicité, mais il s'efforce de leur communiquer la lumière, la chaleur et le plein air, — et surtout il les veut

La meuse près d'Andel, d'après un pastel.

probement achevés. Il n'est pas de ceux qui se contentent d'une étude prestement enlevée. Il existe beaucoup de crânes „brosseurs" d'études; mais les peintres de tableaux ne s'appellent point légion. Corot, Daubigny, Rousseau possédèrent ce don rare, lequel fut aussi accordé à notre Bakhuyzen. Sans être l'égal de ces grands maîtres, ses œuvres démontrent que la nature inspire et fortifie tous ceux qui lui portent un culte vraiment filial. Le génie ouvre de nouvelles routes à l'humanité, le talent se contente de la conduire, par des chemins connus, à la Beauté et à la Vérité. Bakhuyzen est un peintre de talent.

Il n'a guère peint à l'étranger; il est même rare qu'il s'y soit rendu. En 1866 il a passé quelque huit mois à Dusseldorf; son commerce avec les peintres de cette école n'a pas été sans profit pour son art, mais heureusement il n'a point perdu ses solides qualités hollandaises. Les quelques tableaux qu'il

„Etang"

D'APRÈS UN TABLEAU

du Musée Communal de La Haye.

acheva là-bas sont même sans exception des vues du pays natal. De ce
nombre est le paysage de la Gueldre qui obtint en 1866 la médaille d'or à
l'exposition de La Haye. La preuve de la grande attention que les maîtres
allemands accordèrent au vaillant peintre néerlandais ressort d'un fait qui me
fut rapporté par un de ses confrères qui travaillait en même temps que lui à
Dusseldorf: Oscar Achenbach avait vivement conseillé à ses élèves de se
rendre à l'atelier de Bakhuyzen pour y voir ses études et en tirer leur profit.
En 1879 il fut quelque temps l'hôte du prince de Wied à Neuwied. Le prince
avait d'ailleurs été son élève à la „Maison de Pauw." Mais quoique Bakhuyzen
ait rapporté nombre de croquis de Neuwied, ainsi que de la Norvège et des
îles Anglo-Normandes qu'il visita ensuite, il ne semble jamais avoir trouvé dans
ces contrées le sujet d'un véritable tableau. A ma connaissance il n'est que
deux morceaux, ceux exposés en 1889 à la societé *Arti*, dont les motifs ont
été fournis par l'Allemagne. Il faut croire que la nourriture étrangère ne lui
convient pas; car lorsqu'il s'est avisé, pour la compositon d'un tableau, de
tirer parti, croquis pris à l'étranger de il s'est empressé de les accommoder
à la „sauce hollandaise."

Il ne se trouvait vraiment à l'aise qu'au milieu de sa contrée natale. Bientôt
il s'y trouva même comme chez lui. Il ne s'écoulait pas une année sans qu'il
allât passer quelques mois à la campagne pour y chercher des impressions
nouvelles ou pour fortifier et entretenir les impressions anciennes. Ses compagnons de villégiature étaient Stortenbeker, Jean Weissenbruch, et Roelofs.
Tantôt on se rendait à Vaassen où il puisa, surtout au début de sa carrière,
le sujet de maints tableaux et aquarelles très remarqués aux Salons, de 1860
à 1870; puis on émigrait au pays des dunes près de Bergen, dans la Hollande
septentrionale, ou à Noorden près de Nieuwkoop, qu'il découvrit avec Stortenbeker et Weissenbruch, et où il se rendit plusieurs fois encore, par la suite,
notamment avec Roelofs qui s'en assimila si magistralement les mares dor-
mantes et les lis d'eau. Les dernières années il fut surtout requis par Drenthe,
peut-être le coin le plus pittoresque de l'Europe, dont le génie de Ruysdael
et d'Hobbema semblent encore hanter les arbres et les buissons; Drenthe où
des centaines de „motifs" se rappellent aux yeux et à la mémoire du peintre;
Drenthe avec ses petits villages agrestes blottis derrière des dunes discrète-
ment ensoleillées, avec ses troupeaux de moutons paissant à l'orée de chênayes
séculaires, avec ses bruyères rousses s'étendant à dès lieues, dorées par les
couchants somptueux ou surplombées par d'imposants cortèges de nuées dont
la masse sombre se troue de temps en temps pour livrer passage à un pan
d'azur radieux, le sourire d'un visage austère.

C'est là que Bakhuyzen passe quelques semaines à l'arrière-saison pour
retourner, vers l'automne, chargé d'un trésor d'études et d'esquisses. Il lui
arrive même de déserter son foyer en octobre pour aller pousser une pointe
furtive jusqu'à Drenthe; non point pour y travailler, car il fait trop froid au
dehors, mais simplement pour voir comment la Nature se prélasse en ses

somptueux atours d'automne. J'ai eu plus d'une fois le plaisir de l'accompagner en ces excursions au paradis des paysagistes, et je compte parmi les plus heureux de ma vie les jours passés avec lui là-bas.

Bakhuyzen est toujours le bienvenu chez la simple population de ce pays sous maint rapport encore si primitif. Tous le connaissent et tous le portent dans leur cœur, comme j'ai pu le constater chaque fois que nous remettions le pied dans une localité déjà visitée. „A la bonne heure! Vous nous revenez avec votre vieux camarade! Quel excellent homme, hein?" Et cette popularité

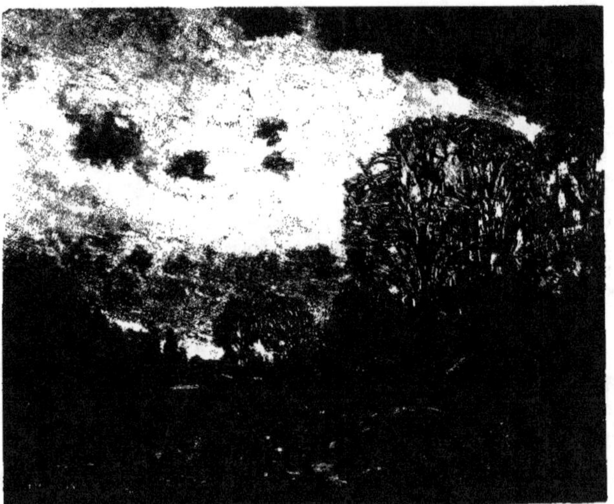

Esquisse d'un tableau du musée Boymans.

n'a rien de surprenant, si on l'a vu assis là-bas, avec son calme imperturbable, le brûle-gueule à la bouche et la boite à couleurs sur les genoux, entouré d'une nuée d'admirateurs jeunes et vieux. Et je constaterai en passant que les naturels de ce pays ne sont ni importuns, ni cupides. C'est à peine s'ils se cogneront du coude pour se faire part de leur admiration où s'ils se la chuchotteront à l'oreille en un: „Comme c'est bien ça!" Et quel plaisir parmi les gamins et les fillettes s'il acquiesce à leur désir naïvement exprimé: „Mettez moi donc là-dessus, mon bon monsieur!" Et l'émerveillement des mères en découvrant leur progéniture sur la toile encore humide: „Mais, bonté du ciel; c'est bien notre Jeannot et notre Toinon, là, près de l'auge à porcs!" Il faudrait le patois même de Drenthe pour vous faire saisir toute la saveur de ces scènes. Impayables encore les conversations des adultes, déjà plus sérieux, et cherchant à estimer ce que pourra valoir pareille „image" lorsqu'elle aura été mise dans un cadre et sous verre. Vingt-cinq florins! C'est à ce prix, vraiment exorbitant pour les pauvres diables, qu'ils taxent la peinture du bon monsieur. Leurs appréciations esthétiques sur le mérite pittoresque des objets diffèrent notablement de celles du peintre. Ainsi ils ne comprendront point pourquoi il ne s'avise pas de peindre la maison du bourgmestre plutôt que cette bicoque délabrée. Et quant aux arbres qu'il choisit, ils pourraient lui montrer un bieu plus beau chêne, là-bas, de l'autre côté du village.

Le savoureux pays que ce Drenthe! Bakhuyzen lui doit plusieurs de ses meilleures toiles! Rappelons-nous, par exemple, le délicieux *Paysage de Drenthe*, qu'il exposa à la société *Arti*, en 1883.

Mais il n'entre point dans mon plan d'énumérer et de cataloguer les tableaux qu'il a exécutés durant sa carrière si bien remplie. Je me contenterai de renvoyer pour cette nomenclature à l'étude que Vosmaer a consacrée à Bakhuyzen dans ses *Peintres d'aujourd'hui*. On y trouvera de remarquables analyses de nombreux tableaux du maître. Ceux-ci ornent les collections de l'étranger aussi bien que les galeries nationales. Le musée de l'Etat et le musée de la Haye en comptent chacun deux. On en admire d'autres au musée Van Teyler de Haarlem, au musée Boymans à Rotterdam, et dans tous les cabinets un peu importants.

Ses aquarelles ne sont pas moins recherchées que sa peinture à l'huile. Elles représentent souvent le „clou" des salons de la Société de dessin hollandaise, qu'il aida à fonder en 1876, et de la société *Pulchri Studio*.

Bakhuyzen est même un des membres les plus zélés de *Pulchri*. Il fit longtemps partie de la direction de cette société, et remplit entr'autres durant quatorze ans les fonctions de trésorier. En cette qualité il rendit de grands services à cette respectable et intelligente association. On a surtout pu l'apprécier à ces époques de crises financières que traversent toutes sociétés et les sociétés d'art plus souvent que les autres. Il faut dans ces moments critiques un administrateur économe et prudent qui puisse opposer un énergique *Non possumus*, aux trop prodigues faiseurs de plans et constructeurs de châteaux en Espagne pour qui „l'or n'est qu'une chimère."

Un de ces moments difficiles dans la vie de *Pulchri Studio* se présenta en 1886, lorsque cette société fut avisée que son local *het hofje van Nieuwkoop* ne pourrait dorénavant plus lui être loué. A la mortification pour la confrérie artistique de devoir évacuer cette salle, théâtre de tant de manifestations et de fêtes édifiantes, s'ajoutait la préoccupation de savoir où elle pourrait aller planter ses pénates. La plupart des membres souhaitaient ardemment que, pour éviter semblable éviction à l'avenir, la société possédât sa propre maison. Quantité de projets et de plans furent soumis à l'assemblée. En sa qualité de trésorier Bakhuyzen avait la tâche la plus délicate: avec un encaisse dérisoire il s'agissait de supporter les frais d'une vaste entreprise. Il aurait fallu 40.000 florins, alors que la société n'en possédait que 4000. Pourtant Bakhuyzen se fit fort de mener les choses à bon terme.

Et il y parvint en effet, à force de prodiges d'économie et de bonne administration dont l'historique nous entraînerait trop loin et qui ne pourraient être bien présentés que par la plume d'un Balzac. Aujourd'hui *Pulchri* est propriétaire de l'immeuble qu'elle a édifié pour son usage; elle possède une coquette et spacieuse salle des fêtes, et elle a même de l'argent dans ses coffres.

Ce résultat, je le répète est dû en grande partie à Bakhuyzen; mais le trésorier fut admirablement secondé par ses collègues du conseil d'administra-

Vue de Leiden, d'après une étude à l'huile.

tion, la bonne volonté de tous les membres et le désintéressement des architectes. Mais ces éléments de succès, il les avait prévus dans ses calculs, et ajouté aux 4000 florins qu'il avait en caisse. Comme trésorier Julius Bakhuyzen possède parait-il un peu de la précision et de la méticulosité de son frère l'astronome. J'ai même lieu de croire que, dans les circonstances que je viens de rapporter, ces qualités lui furent plus utiles qu'elles le sont généralement à l'astronome, par exemple lorsqu'il s'agit de la découverte d'une nouvelle planète. Cette assertion pourrait sembler paradoxale si je ne ne me recommandais de l'opinion d'une autorité compétente s'il en fut. Mon ami Lindo me raconta la visite qu'il fit un jour de l'an 1869 à Luther, le célèbre directeur de l'observatoire de Bilk. Comme Lindo complimentait l'illustre astronome à propos de la découverte d'une nouvelle petite planète (si je ne me trompe, il s'agissait d'Hécube) „Cela ne vaut pas la peine d'en parler, lui dit Luther en riant avec bonhomie. C'est déjà la dix-septième étoile que je révèle aux habitants de ce globe, mais, croyez moi, la découverte de ces petits mondes ne vaut pas un liard. Pour la valeur d'un verre de bière je suis prêt à vous en découvrir une nouvelle!" Si Luther disait vrai, nous pouvons donc admettre que le pro-

Une mare à Rolde.

blème résolu par Bakhuyzen, au profit de *Pulchri Studio*, était bien autrement délicat que celui de faire surgir un nouveau corps céleste dans l'immense empyrée.

Bakhuyzen poursuit donc son chemin, calme, actif et sérieux: estimé de ses aînés qui l'apprécient depuis de longues années; il est un sage et prudent conseiller pour les jeunes artistes, un bon camarade pour tous.

Je suis arrivé à la fin de ma causerie. Tout ce que je souhaite, c'est d'avoir rendu fidèlement l'image que je me proposais de dessiner. Quant à l'exactitude des détails biographiques je crois pouvoir en répondre; car, ayant terminé le morceau, je me rendis chez notre peintre et, sans le moindre égard pour sa modestie, je lui dis: „Voici mon article tel que je vais l'envoyer à l'imprimerie. Fais-moi le plaisir de le parcourir et de me signaler les erreurs qu'il pourrait contenir quant aux noms, dates, et autres détails de ce genre. Inutile de t'occuper du reste, je n'y changerais plus un iota!"

Notre ami lut ma prose avec attention, et quand il fut arrivé au bout de cette tartine je lui demandai ce qu'il en pensait:

— Tu sais, mon vieux, fit Bakhuyzen, tu m'as beaucoup trop....

— Je comprends ce que tu veux dire!.... répondis-je en l'interrompant.

Les dates et les noms étaient exacts.

Puissent ceux qui connaissent Bakhuyzen en dire autant du reste.

N. VAN DER WAAY.

PAR

A. G. C. VAN DUYL.

La classe d'eau forte, d'après une aquarelle.

N. VAN DER WAAY.

Je ne sais plus quel motif — je crois qu'il s'agissait de renseignements à
prendre sur un domestique — me fit entrer il y a des années dans une
boutique d'encadreur et de miroitier, au fond des faubourgs, où avaient coutume
de se fournir les braves gens de la banlieue amsterdamoise. Tandis que le
boutiquier furetait dans son tiroir pour y retrouver les références en question,
j'avais le loisir d'examiner, non sans suprise et en me demandant quels mortels

étaient assez dénués de tout sens esthétique pour acheter de pareilles horreurs, les tableaux appendus à la muraille et tarifés à 5, 10, 25 ou 50 florins suivant les dimensions du cadre. C'était de lamentables produits, d'un dessin inexistant et d'une couleur blasphématoire. Quelques-uns pourtant n'étaient que médiocres, bénéficiant sans doute de la hideur de leurs voisins. Ils n'avaient rien de véritablement artistique, mais du moins les tares

Ponte-Vecchio (Florence), d'après un dessin à la plume.

et les défauts n'en sautaient-ils pas aux yeux, et la facture révélait-elle une main relativement exercée. Comment cette peinture si insignifiante arrivait-elle à produire un certain effet, et pourquoi, si le fabricant de ces platitudes avait acquis quelque habileté élémentaire ne s'appliquait-il point à s'élever plus haut? Cela ne laissait pas de m'intriguer et, le soir même, ayant rencontré Van der Waay dans un petit cercle d'amis, je l'entretins de cette peinture neutre qui

sans être absolument mauvaise n'avait pourtant la moindre valeur. Le hasard
voulait qu'il la connût aussi et ce phénomène lui paraissait assez facile à
expliquer. Le barbouilleur qui m'avait intrigué possédait un certain sens de
la couleur et quelque métier. Il travaillait d'après les photographies de bonnes
toiles originales, de sorte qu'il ne pouvait se blouser aussi grossièrement que
les autres fournisseurs et qu'il produisait ce qu'on aurait pu appeler „de la
bonne ouvrage."

„Et je me souviens même fort bien, ajouta Van der Waay, que je trouvais
ces croûtes très, très bien quand j'étais écolier, et que mon grand espoir était
de pouvoir un jour en faire autant."

Le Jeu de quilles, d'après une aquarelle.

Ces paroles furent prononcées d'une façon un peu saccadée et avec ce geste
animé, dont Van der Waay appuie généralement ses discours lorsqu'il s'indigne
ou qu'il prend feu et flammes.

On n'aurait pu supposer raisonnablement qu'il avait pris feu et flammes au
souvenir de cet art factice; mais en y réfléchissant bien et même lorsque la
conversation eut pris un autre tour, je compris que ce souvenir ne devait
pourtant pas être tout à fait étranger à cette excitation.

Tout homme de talent a connu ces périodes critiques où, tout en ayant la
certitude d'arriver à quelque chose, il ne se fait tout de même qu'une idée
très vague du but poursuivi et des moyens à employer pour y atteindre.

Luttant à la fois contre soi même et contre les circonstances, on se forge constamment un autre idéal, et celui-ci se développe et se déplace à mesure que l'on gagne des forces. Ce qu'on a éprouvé et expérimenté à ces époques d'évolution, peut vous être rappelé à la mémoire par l'allusion la plus anodine. Plus d'un frémira alors en songeant à ce que représentait son idéal ancien et en se disant qu'il aurait pu s'en tenir à cet idéal-là, en même temps qu'il se réjouira de ce que tel n'a pas été le cas et de ce qu'il a laissé loin derrière lui les modestes ambitions de sa tendre jeunesse. Et, à moins que le sort ne lui ait été absolument contraire ou qu'il n'entretienne une trop haute idée de ses propres forces, nul ne se reportera à ces années de tâtonnement sans se sentir une vive reconnaissance à l'égard de ceux qui l'aidèrent à mettre cet idéal de plus en plus haut, et aussi à augmenter les forces qui devaient le lui faire atteindre.

Écolier, Van der Waay avait fréquenté l'établissement de la Westerstraat, fondé dans le but qu'il poursuit encore aujourd'hui, mais dont le programme plus corsé tenait plutôt de l'enseignement moyen que des études primaires, et s'adressait donc à des élèves d'une catégorie plus avancée. A l'époque où Van der Waay y usait donc ses premières culottes, cette école formait presque exclusivement des artistes, des avocats, des architectes ou des ingénieurs.

Sans doute Van der Waay, en songeant à ces années d'écolier, se rapelle-t-il le Dr C. E. Heijnsius, un des premiers qui remarquèrent son talent et qui, avec le concours d'une société se consacrant spécialement à „pousser" les jeunes gens bien doués — le soutint énergiquement tout le temps que durèrent ses études. Jusqu'à sa mort le Dr Heijnsius fut pour Van der Waay un ami vraiment paternel. Au moment où son protégé allait avoir à suivre les cours de l'Académie des Arts Plastiques, il lui fit faire entr'autres la connaissance du Dr Allebé et de son fils. Celui-ci, alors élève de cette académie et aujourd'hui son directeur, fut un des plus anciens, des plus fidèles et des plus dévoués amis de Van der Waay.

Toutefois il ne se souviendra d'aucun de ces amis de la première heure avec autant de piété que du portraitiste Louis J. A. Koopman, qui donnait précisément le cours de dessin dans cette excellente école de la Westerstraat. Bien des années après que le jeune peintre eut quitté l'école, il trouva en cet homme d'élite le meilleur des guides et personne n'a contribué autant que celui-ci à son développement intellectuel et à lui former le goût.

C'est au foyer de Koopman que Van der Waay apprit à connaître la si intéressante fillette dont il devait faire sa femme.

Sans son application extraordinaire et son zèle opiniâtre, l'artiste ne serait certes jamais arrivé, mais aussi sans ses vertus il ne se serait certes pas acquis des amitiés qui l'aidèrent à surmonter des difficultés qui sinon auraient pu devenir inextricables et même fatales.

Voilà des circonstances que n'oublie point quiconque a le cœur et le cerveau bien placés; et il n'est pas étonnant alors que l'on prenne feu et flammes à

Un souper d'artistes, d'après une aquarelle.

propos d'un détail futile en apparence mais auquel se rattache l'idée de ce qui
est et de ce qui aurait pu être, et aussi le souvenir de tous ceux qui ont
contribué à faire atteindre ce but glorieux et prospère.

En ces temps l'Académie des Arts Plastiques était loin d'être ce qu'elle est
devenue depuis que le savant professeur Aug. Allebé en est devenu directeur, et

Une matinée pluvieuse à Amsterdam. d'après un tableau.

depuis d'autres très heureuses nominations. Mais il en allait de notre principal établissement d'enseignement artistique comme il va de tous autres collèges et universités, où le corps professoral ne représente pas toujours une réunion d'aigles et de *rara avis*. Si comme on dit familièrement l'élève a quelque chose en lui, il faut bien que cela en sorte, quelle que soit l'insuffisance ou la médiocrité des professeurs; l'apprentissage dure un peu plus longtemps, voilà tout. Ce fut le cas pour le jeune Van der Waay.

Vers l'année 1876 nous trouvons Van der Waay dans le passage Wijnand Fockink où le jeune peintre a loué un atelier en commun avec Jan Wijsmuller. Van der Waay avait fini ses études et il lui tardait de voler de ses propres ailes.

Ces premières années de libre vie artistique n'auront toujours été exemptes de soucis et de tribulations. Plus d'une fois l'artiste inspiré et poursuivant son idéal se sera trouvé en antagonisme avec son autre personnage, le simple bourgeois ayant à se préoccuper de prosaïques réalités telles que le paiement du loyer de l'atelier et d'autres mesquineries. D'autres moments non moins pénibles devaient être ceux où l'on constate que le travail auquel on s'était attelé avec tant d'enthousiasme et dont on attendait monts et merveilles, ne répondait pas du tout à l'idée qu'on s'en était fait, et trahissait encore trop vivement l'influence de la tradition dont on s'était trop tôt flatté de s'être libéré. Il est agréable de se rappeler ces temps lorsqu'on les a laissés loin derrière soi. Mais on en sortait tout de même et il y avait aussi des heures de joie sans mélange et d'abandon, des jours de belle humeur où l'on s'amusait d'une façon folle et délicieusement puérile.

C'était aussi le bon temps des petits voyages à l'intérieur du pays et à l'étranger, voyages entrepris avec des finances dérisoires mais d'abondantes réserves de bonne humeur et d'enthousiasme, et avec l'intention bien arrêtée de se donner le plus de distractions et d'agrément possibles. Dans ces conditions Van der Waay visita les importants musées de Paris, Bruxelles, Londres, et Cassel.

Il faisait, en outre, partie d'un petit cercle d'amis où l'on s'occupait à fond et où l'on s'entretenait passionnément de tout ce qui a des rapports avec les beaux arts. On y faisait aussi de la musique, car ce petit cénacle n'était pas exclusivement composé d'artistes peintres ou sculpteurs, et parmi ceux-ci beaucoup, à commencer par Van der Waay, étaient d'excellents musiciens amateurs. Je serais même tenté, à propos de ce cercle, de me montrer un peu indiscret, ne fût-ce que parce que l'historique de cette société fournirait un abondant appoint au tableau de notre vie artistique à cette époque. Mais avec la meilleure volonté du monde je ne pourrais contenter mon

Dessin à la plume.

envie, vu que ce club d'amis avait fermement décidé de ne jamais se produire en public. Tout ce que je puis dire, c'est que ce cercle existe encore au moment où j'écris ces lignes et qu'étant donnée la personnalité de ceux qui le composaient comme aussi son existence prolongée, il a dû exercer une influence bienfaisante sur notre art en général. Certes on ne s'y sera pas fait faute de critiquer les œuvres et les hommes. Ceux-là se connaissent, se jugent et s'apprécient le mieux, qui ont passé ensemble leurs années de jeunesse. A cet âge on se montre encore au naturel et sous son véritable jour; on n'a point de secrets l'un pour l'autre et on ne pèche point par un excès de discrétion. On supporte beaucoup de semblables camarades, de même qu'à l'occasion, de son côté, on ne leur mâche point les vérités. Pareilles camaraderies peuvent être considérées comme la pierre de touche des véritables amitiés. Le premier ouvrage impor-

tant de Van der Waay dont je me souvienne parfaitement est le tableau avec
lequel il remporta, en 1880, le prix fondé par Willink van Coolen. Il représente
quelques amis qui éprouvent des impressions différentes en examinant un
tableau. Cette toile donna d'emblée la mesure du talent de notre peintre. Il est
bien composé et crânement dessiné ; l'attitude des figures est naturelle ; l'expression aussi est simple et bien rendue ; le tout est traité avec cette bonhomie et
cette rondeur un peu narquoise, cette ironie cordiale qui est l'apanage du
peintre et qu'il n'hésite pas à exercer parfois à ses propres dépens. L'ensemble

L'averse, d'après un tableau.

atteste un sens très sain de la réalité. Sans doute ce tableau a dû amuser beaucoup
ceux qui servirent de modèles et qui pénétrèrent dans les intentions secrètes du
peintre ; mais il n'a pas été moins goûté de ceux qui, non initiés aux dessous
de la composition, l'ont jugé comme n'importe quel autre tableau de valeur.

Van der Waay possède au plus haut degré cette précieuse faculté de saisir
dans les scènes qui se passent devant lui le parti qu'il peut en tirer par un
dessin pittoresque et une artistique mise en valeur. La décoration de la Salle
de Concerts nous en fournit une série d'exemples : la *classe d'eaux-fortes*, le
jeu de quilles, le *souper d'artistes*, *la pose*, la *douane*, *soir d'été*, etc. etc.

„Les amateurs d'art"

D'APRÈS UNE AQUARELLE

de la collection du peintre.

Les deux pigeons, esquisse à l'aquarelle
pour un panneau décoratif.

Aussi Van der Waay a-t-il toujours à la main son carnet et son crayon. Ses rapides croquis sont autant de souvenirs de réunions et de parties d'amis ou représentent des types à utiliser dans un tableau, à moins qu'il ne les ait crayonnés que par boutade, comme de simples caricatures. Si l'on ne craignait de méconnaître les autres côtés de son talent on pourrait appeler Van der Waay un illustrateur de race. Mais peut-être cette définition est-elle la plus juste, à condition, toutefois de l'étendre, de la prendre dans une acception très large, et de considérer comme des „illustrations" non seulement ses dessins et ses aquarelles, mais les importantes compositions à l'huile que lui inspire la vie remuante et multiforme d'une grande ville. Il suffit de considérer attentivement la reproduction de son esquisse représentant une impériale ou un „arrêt" de tram pendant une matinée pluvieuse, pour constater comment un sujet, banal en apparence, peut, grâce à une conception et une exécution intelligentes, fournir les éléments d'une piquante œuvre d'art.

Lorsque Van der Waay décrocha le prix Willink van Coolen, il avait son atelier en commun avec M. E. S. Witkamp, au Rozengracht, et les deux artistes travaillaient souvent ensemble alors à des œuvres décoratives, entr'autres à un plafond pour un salon du Dr Mezger, plafond dont les cartons furent exposés à la société Arti. D'importants travaux de ce genre furent exécutés chez M. M. Van Steijn et le baron de Rosenthal, et projetés pour le nouvel hôtel du ministère de la justice. Ces derniers sont en cours d'exécution.

Lors de la grande Exposition internationale de 1883, Van der Waay faisait partie du groupe d'artistes qui se mirent à la disposition du comité organisateur pour la décoration des pavillons de la ville d'Amsterdam et de la Presse, et qui contribuèrent largement à affirmer la réputation de l'art

national devant l'étranger. A cette exposition universelle il décrocha une
medaille d'argent pour son *Caïn*.

Monte-Pincio (Rome), d'après un dessin à la plume.

L'année d'avant il s'était fait inscrire pour le concours dit du Prix de Rome;
mais ce concours n'ayant pu avoir lieu faute d'autres participants, le gouvernement offrit à titre de compensation à Van der Waay les fonds nécessaires

pour faire un voyage d'études en Italie. Il y avait longtenps que notre artiste désirait voir Florence, Rome et tant d'autres cités de la grande patrie des peintres.

Toute latitude était accordée au voyageur. Il avait le droit d'arrêter lui-même son itinéraire. Le gouvernement ne lui demandait que la copie d'un tableau de là-bas. Conduit à la gare pas tous ses amis, Van der Waay partit le 12 mars 1884 et se rendit d'abord, par Bâle et Landquart, à Davos, où un de ses amis, gravement malade, attendait impatiemment sa visite. En ce moment l'hiver régnait encore rigoureusement en Suisse, et le voyageur dut faire en traîneau une grande partie de la route de Davos encore bloquée par les neiges.

L'artiste a raconté plus tard ce voyage et ce séjour à Davos, en une relation mi-humouristique et mi-sentimentale, qui mériterait d'être lue en dehors du cercle des intimes. Une autre description très amusante est celle qu'il fit de son excursion à Thusis, d'une visite à la Via Mala par un beau crépuscule, et du passage du Splugen en traîneau. Ce sont là toutes pages qu'il faut lire en entier et qui perdraient à être tronquées et démembrées.

De mauvaise humeur! d'après un tableau.

Le 31 mars il arrivait à Milan où il demeura une couple de jours et où il visita en tout premier lieu le fameux Dôme et la *Cène* de Léonardo da Vinci, dans le réfectoire de S. Maria delle Grazie. Il passa aussi de longues heures dans le Palazzo di Brera, à admirer la riche collection de tableaux dont la perle est le *Spozalizio* de Raphaël (les noces de Marie et Joseph). Puis il se rendit en droite ligne à Rome, le grand but de son voyage.

Voir beaucoup et bien, travailler et copier le plus possible, tel était son plan; et aussitôt qu'il se fut à peu près installé, il le mit à exécution, méthodiquement, avec le calme imposé par le climat de Rome. Il va de soi pourtant que notre peintre ne put préserver ce beau calme, ce calme hygiénique, dans toutes les circonstances. Il lui fallut compter avec des chaleurs torrides ou des averses diluviennes, sans parler des contre-temps et des obstacles qui ne contrarient que trop souvent, à Rome, celui qui veut visiter les collections particulières, se livrer à des copies ou travailler d'après les modèles.

Toutefois les nombreux croquis pris au jour le jour, et pourtant méthodiquement rassemblés et enchaînés en vue d'un tout, d'un ensemble, attestent que l'artiste ne perdit par son temps et en tirait le parti le plus profitable.

Van der Waay séjourna à Rome depuis le 3 avril jusqu'au 12 mai et, une seconde fois, depuis le 22 mai jusqu'au 6 août. Au mois d'avril il assista à la traditionnelle fête des artistes qui a lieu dans les grottes de Cervara, carrières de la plus haute antiquité et d'un cachet fort romantique, situées près de la Tor di Sapienza, à une couple d'heures de Rome. Autrefois ces grottes étaient fréquentées spécialement par les peintres de la colonie allemande, qui, affublés d'accoutrements grotesques, y improvisaient des cavalcades et des repré-

Petit marchand de fruits à Naples, d'après une aquarelle.

sentations généreusement arrosées de vins, sous prétexte d'inaugurer la saison printanière. Les troubles de 1849 firent que cette coutume tomba quelque temps en désuétude, mais plus tard la fête du printemps fut de nouveau célébrée selon les anciens rites et même sur une plus imposante échelle, les artistes des autres nations s'étant joints à leurs confrères d'Allemagne. Dans tous les cas, à l'heure qu'il est comme autrefois, on peut dire que la moitié de la population romaine, très portée comme on sait pour le plaisir, prend sa part de ces réjouissances carnavalesques. Toute la gent valide se rend tant bien que mal, l'un traînant ou poussant l'autre, jusqu'au théâtre de ces folies dont le programme comportait cette fois l'assaut d'une tour défendue par des bersaglieri de mardi-gras contre des brigands non moins fantaisistes. A la nuit tout ce monde, acteurs et spectateurs, s'en retourne, en cortège ou plutôt à la débandade, éclairé par des flambeaux, à la ville illuminée.

Une occasion unique comme on voit pour un peintre d'étudier les mœurs des Romains d'aujourd'hui. Van der Waay a aussi fait de cette fête originale une très vivante narration pour ses amis.

Du 12 au 22 mai il fit une excursion à Naples et à Pompéï. Justement des amateurs de Naples donnaient alors dans la ville exhumée des représentations d'après l'antique, et Van der Waay eut la chance d'assister ainsi à un combat de gladiateurs dans un amphithéâtre, ressuscité aussi exactement que possible, tout, les spectateurs mêmes, étant dans le costume et le style de l'époque, depuis César et ses consuls jusqu'au moindre esclave et balayeur de l'arène.

Mais son but principal était, naturellement, la ville de Naples même, où il fit mainte esquisse à la Chiaja et à Santa Lucia, et où il étudia attentivement les collections du musée Borbonico. Des vestiges de Pompéï ceux qui le requirent le plus sont les statues, les vases,

Pastel pour un panneau décoratif.

les bronzes, les trépieds. Et son carnet est rempli de notes et de souvenirs concernant les maîtres de la Renaissance italienne.

Naturellement ces notes un peu incohérentes et décousues, simples points de repère et aide-mémoire pour le peintre même, demanderaient à être reliées et raccordées avant de présenter un intérêt pour d'autres.

Van der Waay demeura à Rome jusqu'à la fin d'août. De là il se rendit à Florence où il fit un séjour de près d'un mois, interrompu seulement par une excursion à Pise et à Sienne, villes non seulement curieuses et attachantes par elles-mêmes, mais avant tout par les trésors artistiques qu'elles renferment. Après Florence il visita Venise où il resta également près d'un mois et d'où il reprit, le 26 octobre, le chemin de ses foyers. Sur ces voyages d'études comme sur tous autres sujets d'ailleurs, les opinions diffèrent, les avis sont partagés. Naturellement les avis dépendent du caractère et du goût de celui qui voyage. Mais en général le voyageur éprouve toujours quelque déception et perd une partie de ses illusions. Beaucoup d'œuvres d'art et des plus vantées ne sont plus telles que nous les montrent les dessins, les gravures ou même les photographies. Ce n'est pas que chez nous que les chefs-d'œuvre ont subi les outrages du temps, des vandales, des iconoclastes ou de restaurateurs parfois plus funestes encore. En outre

Psyché, pastel pour un panneau décoratif.

beaucoup d'œuvres qui paraissaient grandes et belles en reproduction, perdent à être vues dans leur état original et examinées de plus près. Par contre d'autres gagnent à la comparaison. Les voyages ont ceci de bon qu'on y rectifie des jugements souvent préconçus et qu'on se fait une idée plus sincère et plus exacte du mérite des maîtres universellement mais un peu aveuglément, traditionnellement admirés.

Malgré tout et quel que soit le déchet fatal qui se produit dans les prédilections antérieures du visiteur de l'Italie, celui-ci en remporte une profonde impression, un sentiment d'admiration pour l'ensemble de l'art italien. Ce n'est qu'en Italie même que l'artiste comprend toute l'importance et la signification de la renaissance italienne; et les merveilleux dons de peintre des artistes de cette époque; le secret de la chaleur et de la vie qu'ils communiquent encore à l'art des siècles ultérieurs, y compris le nôtre.

Sans doute peut-on admirer et vénérer Michel Ange, le Titien et Raphaël sans avoir jamais visité l'Italie. Mais on ne les connaît pas complètement, on ne les comprend pas à fond, si on n'a vu leurs œuvres dans le pays où ils sont représentés dans toute leur puissance par de vastes compositions, par leurs fresques, par leurs ensembles décoratifs.

Rien que dans ses notes sommaires et furtives on perçoit combien, à mesure qu'il poursuit

Par un temps de pluie, aquarelle.

ses études de l'art italien, ce sentiment d'admiration raisonnée, mûrit et se fortifie en Van der Waay. Par son séjour à Florence et ses visites à Pise et à Sienne il attache un intérêt et une importance de plus en plus grandes au développement graduel et à l'enchainement de l'art italien, et on le voit priser et goûter avec plus de ferveur qu'autrefois les œuvres des artistes du commencement de la Renaissance et des préraphaélites. Pour apprécier totalement le génie artistique des œuvres de Botticelli, Ghirlandajo, Verrochio et leurs contemporains, il faut voir ces œuvres dans les milieux d'architecture auxquels elles se rattachent et en vue desquels elles furent exécutées.

La toilette, pastel.

Il va de soi qu'à Rome le peintre se sentit attiré tout d'abord par la Rome du temps de la Renaissance. Mais insensiblement la Cité éternelle acquit une seconde signification à ses yeux et, peu à peu, la Rome antique avec ses monuments énormes et ses superbes reliques de la sculpture classique s'imposa à son culte avec une intensité et un prestige non moins grands.

Orpheline.

Non seulement Van der Waay *vit* beaucoup de choses en Italie, mais, fidèle
à son programme, il y travailla *beaucoup*. A son retour ses esquisses, études
et copies, furent exposées à l'Académie des Arts Plastiques. Deux de ses
dessins à la plume *Monte Pincio* à Rome, et le *Ponte Vecchio* à Florence sont
reproduits ici. A Rome il copia un fragment du *Jugement Dernier* et la Sibylla
Lybica, de la Chapelle Sixtine. A Florence il fut requis par le *vieux rabbin*
de Rembrandt, *l'Hippolyte de Médicis* du Titien et le *joueur de luth* du Giorgione.

A Venise il copia la *Sainte Barbe* de Palma le Vieux. En outre il fit là et
ailleurs des dessins très poussés d'après de nombreux autres tableaux ou
d'après nature.

De retour dans son pays Van der Waay se remit à un travail régulier et
paisible. Il fit divers portraits pour les familles Van Heemstra, de Beaufort,
Luden van Stoutenburg, Westerwoudt, Heijnsius, etc.

Son aquarelle la *Classe d'Eau-Forte* lui valut, en 1886, lors de l'Exposition
de Dresde, un diplome d'honneur, et cette œuvre fut acquise pour le musée
de cette ville 1).

En 1890 il se maria et, l'année d'après, le 5 juin 1891 il fut nommé
professeur à l'Académie des Arts Plastiques.

Tous ceux qui connaissent le probe et excellent artiste se sont réjouis de
cette nomination. Artistes, functionnaires, et élèves ont été unanimes à y
applaudir comme à celle d'un *right man at the right place.*

Tout en se perfectionnant dans son art et en acquérant une incontestable
maîtrise, Van der Waay est toujours resté lui-même: l'homme simple, droit,
tout d'une pièce, que j'appris à connaître il y a quelques années lorsqu'il me
montra aussi ses dessins à la plume, inconnus encore au public, et qui ne
forment pas la partie la moins primesautière, la moins vivante et la moins
magistrale de son œuvre quant au métier et à la forme. En ces petites
compositions comme en ses grands tableaux il dégage du fait le plus banal en
apparence un élément, un effet souverainement artistique, et il vous fait partager
l'impression qu'il a ressentie lui-même.

Jeune encore, pour ainsi dire encore au début de sa carrière, Van der Waay
n'a pas dit son dernier mot et on peut attendre de lui des œuvres définitives,
des œuvres représentant la consécration absolue de son généreux talent.

---

1) Une autre aquarelle *Les Notules*, exposée en 1892 à Dresden, fut également achetée pour le même musée.
A cette occasion le peintre fut nommé chevalier de première classe de l'ordre d'Albert. Son tableau *l'Averse* lui
valut, en 1893, la médaille de 2e classe, à Munich.

A. G. C. Van Duyl

WILLEM MARIS.

PAR

G. H. MARIUS.

Sous la saulaie, d'après un tableau.

WILLEM MARIS.

L a valeur artistique de Willem Maris ne s'est jamais affirmée d'une façon plus éclatante que dans le superbe tableau du musée de l'Etat, à Amsterdam.

La reproduction qui en a été faite d'après une photographie ne parvient évidemment pas à rendre complètement la beauté de cette œuvre d'art; elle ne peut surtout en traduire la radieuse et caressante lumière.

Tout le tableau vibre de vie. C'est le moment de la mâturité des pâturages.

Les rayons du soleil viennent de balayer la rosée et le brouillard dont les
dernières parcelles s'accrochent comme des flocons de laine bleue aux branches
de la saulaie.

A l'avant-plan, les pattes de devant baignant dans l'eau, une vache est en
train de s'abreuver; dans le lointain, on distingue une autre vache noire et
rousse paissant à l'ombre des saules.

Ce rideau d'arbres dans les ramilles encore humides desquels le soleil met
des coulées d'argent fluide, et dont la masse compacte couvre la droite et
l'horizon du tableau, forme par ses ombres ou sa lumière amortie un reposant
contraste avec la gauche éblouissante de clarté.

C'est aussi l'opposition des ombres bleues, à la clarté du soleil, qui rend
celle-ci tellement transparente et moelleuse; et les dégradations de la lumière,
cette vache blanche a moitié baignée de soleil, le miroir de l'eau, la prairie
ensoleillée, et cette bande de plantes aquatiques qui s'enfonce jusque dans
le cadre, accusent et condensent la richesse de cette lumière.

Près du fleuve, d'après un fusain.

Tout le tableau est d'une composition magistrale, d'une facture large et
sereine; parfait de ligne et de couleur, enlevé d'un pinceau à la fois souple
et solide.

Cet admirable tableau de Willem Maris appartient à sa dernière manière
et se trouve depuis quelques mois en la possession de la Société pour l'encouragement de l'art contemporain.

* *
*

Willem Maris naquit en 1844. Tout comme ses deux frères aînés, de bonne
heure déjà il se mit à peindre et à dessiner d'après nature.

Il n'a jamais eu d'autres maîtres; sauf peut-être son frère, de six ans plus
âgé que lui, dont il partagea, au début, l'atelier, et qui l'aida de quelques
conseils. Il apportait un soin et un zèle minutieux dans l'exécution de ces
études; chacune de celles-ci était consciencieusement achevée; ses *vaches au*

pré par une chaude journée, qui sont au Musée de la Haye, qui furent peintes et achetées en 1868, en fournissent la preuve. Dans ce petit tableau, l'influence du ton de l'atmosphère et de la prairie sur celui des vaches, est pour ainsi dire nulle; cette chaude et superbe atmosphère que Willem Maris interprète aujourd'hui avec tant de prestige, manque encore totalement à cette œuvre de début. Toutefois dans l'une des vaches s'annonce déjà le coloriste futur; le reflet des ambiances sur la robe de l'animal y est exactement et précieusement rendu. Il est visible que l'artiste a étudié et peint ce morceau avec une ferveur nouvelle. Dès cette époque cette émotion dans l'art du jeune Maris se faisait remarquer. Gérard Biders écrivait en 1863 à M. Kneppelhout à

Vache au repos.

propos d'une exposition à La Haye: „On m'a parlé de quelques géniaux essais dans mon genre, dus à un certain Maris — il y a trois peintres de ce nom, des frères je crois, tous garçons de talent."

Willem Maris n'avait que vingt ans à cette époque, et il était encore inconnu à Amsterdam. Il ne faisait que des études d'animaux, surtout des vaches, avec l'exactitude pour principal objectif.

Ces dessins au crayon noir sont étonnants de justesse et aussi de sentiment; le mouvement est bien observé, on a la sensation de la lourdeur massive de la bête, comme aussi de la légèreté et de la fraîcheur du gazon attenant à la ferme; tout est achevé et exprimé en quelques nerveux traits de crayon. Non seulement Maris y a saisi la forme extérieure, mais il donne aussi l'idée de la solidité, de l'essence et de l'étoffe même des choses.

Ces dessins possèdent un relief qu'il est incroyable d'avoir pu obtenir par de simples contours, et il a fallu une très sensible nature d'artiste pour pousser aussi rigoureusement le souci de la vérité et de l'interprétation.

La réalité y a été vue par des yeux aussi clairs et aussi jeunes que ceux des Primitifs, par exemple que ceux d'Holbein qui arrivait aussi à tracer en quelques lignes simples mais rigoureusement exactes l'image parfaite et ressemblante de ses modèles. Il est regrettable que ces admirables dessins ne soient

connus que de quelques privilégiés; j'eus l'occasion d'en voir un en la possession de M. Ph. Zilcken. Ceux qui prétendent que Willem Maris ne sait pas dessiner, reviendraient certes alors de leur opinion erronée et ils reconnaîtraient que ce qui leur paraissait être la négligence de la forme n'est en réalité que le sacrifice indispensable de quelques détails à l'impression d'ensemble; le besoin d'assurer à l'œuvre toute l'expression d'un certain moment.

Si notre peintre est frappé par l'un ou l'autre coin de pâturages, abreuvoir ou bords d'une mare, il est touché principalement par la savoureuse combinaison des prés, des vaches, de l'eau et des saules, par la valeur que les figures prennent dans leur éclairage, c'est-à-dire par l'opulence des tons et l'harmonie de l'ensemble. Aussi ne perdant point de vue cet ensemble il y subordonne tout le reste. La lumière violente a-t-elle éclipsé et dévoré pour ainsi dire les perspectives derrière les figures; les contours des objets se sont-ils fondus dans l'atmosphère? Trop de détails accessoires nuiraient en ce cas à la puissance et à l'intégralité de l'impression voulue par le peintre; aussi celui-ci s'empresse-t-il de négliger ces détails et ces lignes parasites, sachant parfaitement pourquoi il les sacrifie et convaincu que l'art ne consiste pas à tout dire et à tout exprimer, mais bien à dire et à exprimer l'essentiel, le caractère dominant, comme Taine l'a d'ailleurs très bien exposé dans sa *Philosophie de l'Art*.

Willem Maris a parfaitement compris comment l'air et l'atmosphère gouvernent et dominent tout le paysage; comment la forme et la couleur de chaque objet ne peuvent être rigoureusement et sèchement délimités par les objets voisins; comment, dans un paysage, une figure se compose d'une gamme de tons bornée ou plutôt prolongée par d'autrestons; et qu'il ne serait pas possible de rendre cette atmosphère par des lignes et des contours, mais bien par des taches de couleur.

Au pâturage.

En Italie où l'air est sec et d'un bleu uniforme, et où les figures ressortent isolées, détachées de leurs ambiances, la forme et les contours sont l'essentiel. Mais ici où les vapeurs humides demeurent suspendues dans l'air même par les journées les plus chaudes, on ne peut rendre la réalité et l'aspect de la nature par les procédés adoptés pour interpréter un paysage méridional.

Les peintres ont constamment à la bouche le mot nature. Ils en parlent comme s'ils la connaissaient par cœur. De même ils invoquent à tout propos la vérité comme si celle-ci n'était pas relative et diverse.

En supposant que chacun vit les choses précisément de la même façon que son voisin et qu'il fît abstraction complète de son tempérament et de ses affinités, aucun critique n'oserait garantir que le peintre le plus patient par-

Sous les saules, d'après un tableau.

viendrait à imiter exactement un arbre feuille par feuille; ou la mer vague par vague, ou un pré dans ses moindres brins d'herbe.

En quoi consiste la peinture sinon en une interprétation au moyen de la couleur, toujours renouvelée et personnelle, des choses qui frappent l'observateur?

Non seulement chaque artiste a sa formule pour arriver à cette interprétation, mais cette formule il la transforme, il l'améliore, il la perfectionne sans cesse. Ainsi Willem Maris contemple toujours avec des yeux nouveaux et non prévenus, les spectacles de la nature hollandaise: l'harmonie du sol et de l'atmosphère, la vibration de la lumière, l'humidité de la terre grasse dans laquelle s'enfoncent les pieds du lourd bétail, enfin l'influence, l'épanchement, en quelque sorte, de chaque objet sur l'objet voisin.

Le maître ne donne pas un seul coup de pinceau qui n'ait sa signification au point de vue de l'ensemble, et qui ne soit en harmonie avec l'air, les arbres et les pâturages. A Maris s'appliquent merveilleusement ces lignes de Taine sur l'art et le coloris hollandais: „L'horizon plat n'a pas d'intérêt et les contours

„Paysage avec bétail"
D'APRÈS UN DESSIN
appartenant à M. Spaan.

des choses sont amollis, estompés, brouillés par la vapeur imperceptible qui nage éternellement dans l'air; ce qui prédomine, c'est la tache. L'objet émerge; il ne sort pas tout à coup de ses alentours, détaché à l'emporte pièce; on est frappé par son modelé, c'est-à-dire par les différents degrés de clarté progressive et par les diverses dégradations de couleur fondue qui changent sa teinte générale en un relief, et donnent aux yeux la sensation de son épaisseur." Maris a saisi mieux que tout autre la magie de ces tons dégradés et de ces lumières progressives qui donnent l'illusion de la vie. Il les a trouvés à force d'observation et d'étude.

Si l'on se promène, au matin, dans les riches pâturages qui s'étendent au Sud de La Haye et qui ont inspiré tant de peintres depuis Paul Potter, on apprécie avec plus de compréhension l'art vibrant de Willem Maris. Malgré le soleil qui pompe les brouillards, des fumées rampantes, de blanches mousselines flottent demi déchirées sur les prairies diaprées de marguerites et de

Canards au vert.

lychnis. Les vaches, les pattes de devant enfoncées dans la mare, le mufle rose encore dégouttant de l'eau bue, la sensuelle et lourde satisfaction de ces brutes contraste avec les papillotements de la lumière arrêtée dans la vapeur qui s'envole en accrochant des paillettes aux flancs gras des épais ruminants. Maris a le secret de ce qu'il y a de fluide et de furtif dans ces paysages aussi bien que de ce qu'ils contiennent de rude et de matériel. Et, si sa peinture a autant de corps, elle a certes plus d'âme que celle de la plupart des coloristes de son tempérament.

* * *

Au musée d'Utrecht on admire un petit tableau de Maris intitulé *Au bord de l'étang*

Les bonheurs de l'été, d'après une aquarelle appartenant à M. H. G. Tersteeg.

Il est charmant ce tableau tant sous le rapport de la couleur que sous celui de la composition. L'intérêt se concentre au milieu du tableau noyé dans une mer de lumière blonde.

C'est un jour d'été ; la température accable ; l'azur vibre de lumière et de chaleur.

Une vache blanche inondée de lumière barbotte dans la mare parmi les joncs et les roseaux ; deux autres vaches, l'une rousse et l'autre noire, placées à contre-jour sont peintes largement et prêtent par leur masse plus opaque un repoussoir aux plans lumineux du tableau.

Le ciel est parsemé de flocons délicats comme les feuilles d'une rose-thé et qui semblent pâmés de chaleur. Le tout atteint à la plus absolue maîtrise.

C'est un de ces petits tableaux qui, traités sur une échelle réduite, dégagent le charme et l'émotion des toiles les plus grandioses.

Tout en traitant les mêmes motifs — combinaisons de pâturages et de troupeaux, de pièces d'eau et de nuées, — Maris les varie à l'infini.

Voici des *melkbochten*, des nourriseries, avec leur glèbe noirâtre et mouillée, des rideaux de saules, les vaches aux pis chargés, les trayeuses en bleu, les pots et les jarres de métal éclatant — le tout formant un trésor de tons riches opposés au vert uniforme de la prairie et au voile opaque du ciel. Tout au rebours du pays sec ce n'est pas le ciel, c'est la terre dont ici la valeur est prépondérante. Ou c'est une vaste prairie ruisselante de soleil, bordée de mares luisantes et moirées dans lesquelles se réfléchissent les taches fauves des bestiaux accroupis. Les lignes horizontales indiquant et enchaînant les plans successifs du paysage jusqu'à l'horizon d'une profondeur infinie, achèvent d'assurer à ces tableaux une indicible impression de paix et de repos.

A la différence de Jacob Maris, Willem Maris n'accorde pas dans ses tableaux la prépondérance aux effets de lumière et aux architectures de nuages ; il concentre l'intérêt dans ses avant-plans peuplés de lourdes vaches, et s'il fait intervenir le soleil, c'est pour lui faire éclairer le sol même et non pour l'associer aux capricieuses illuminations des nuées. La plupart du temps même il peindra à contre-jour ; il choisira de préférence les moments où le ciel plutôt neutre et sans effet, s'étend uniformément au-dessus des prairies ; et, suivant l'heure du jour, la couleur est d'un profond bleu velouté ou, par les chaudes après-midis, parsemée de nuages de nacre.

Parfois Willem Maris peint de petits étangs, des flaques, à l'ombre la plus épaisse des saulaies, lorsque tout ce qui les entoure est encore humide de rosée ; des flaques d'un vert délicieusement mouillé, un peu bleu par la rosée matinale, frais comme la nuit même, où se lèvent une compagnie de canards. Dans quelques-uns de ces tableautins, les canards jouent le principal rôle et le reste n'est là que pour les mettre en valeur. Et le charme de pareil tableau consiste dans l'observation attendrie des intéressants anatidés ; dans la naïve et patriarcale gloriole de la cane entourée de sa couvée canquetante ; l'air que cette bonne engeance a d'être comfortablement chez elle, sur ce lopin de terre

Près de l'étang; d'après une aquarelle.

humide, sous les branches de ce vieux saule ratatiné et contrefait, — avec cette eau stagnante pour bassin de natation.

Symbole de la joie du ménage et du bonheur domestique! Royaume de quelques pieds carrés. Type de la famille, qui fait songer involontairement à cette famille d'escargots dont parle Andersen et qui ne croyait pas le monde plus grand que son bois de feuilles de mûrier. Cette famille de canards a dû représenter dans la pensée de l'artiste la personnification du bien être matériel, et ce tableau, amoureusement peint et comme dorloté, a pour ceux qui le contemplent toute la douceur d'une confidence et d'une révélation.

A ne le prendre qu'au point de vue technique, on goûte ce régal de couleurs dans lequel le plumage blanc des canards donne la note dominante. Mais il est certain que l'émotion et le charme de cette petite scène de la vie des insouciants volatiles ont intensifié et assoupli encore le prestige des pinceaux de l'artiste. Naturellement, ainsi doué et aguerri, Willem Maris a fait de nombreuses aquarelles. Elles représentent autant de petits chefs-d'œuvre où se retrouvent, au même degré que dans sa peinture à l'huile, toutes les qualités du maître.

* * *

Willem Maris exige de nombreux mérites de son œuvre: il faut qu'elle traduise à la fois l'impression de la force et de l'intimité; il faut qu'elle soit ensoleillée et en même temps contenue; il faut que la composition soit parfaite sans que cela y paraisse!

Il reprend souvent son tableau après que celui-ci est déjà sorti de son atelier; il procède à ces retouches et à ces remaniements dans les salons de Goupil, ou même avant le vernissage, dans les Expositions auxquelles il est invité. Mais le goût et la conscience de son métier sont tels chez l'artiste que quelque application et quelque labeur qu'il mette à terminer ses tableaux, ceux-ci donnent toujours l'impression de la fraîcheur, de la spontanéité, de l'œuvre vraiment inspirée. Le tableau dont nous venons de parler et qui est au Musée de l'Etat ne paraît au premier abord qu'une brillante impression traitée sur un fond sombre; á la longue seulement on entre dans le sentiment de la chose mûrie, réflechie, étudiée sous toutes ses phases, logiquement et poétiquement voulue.

* * *

Willem Maris est encore dans toute la force de l'âge; en ces derniers temps les manifestations de son art ont été plus importantes que jamais. Il aura contribué à former de nombreux paysagistes. Depuis quelques années il vit aux environs de La Haye, entouré de tous côtés par ses pâturages de dilection, par ces prairies et ces flaques, dont il transporte l'émeraude liquide et les troupeaux savoureux, sur des toiles de plus en plus prestigieuses.

Vaches en prairie, d'après une aquarelle appartenant à M. H. G. Tersteeg.

Ce sont de calmes et intègres travailleurs que les Maris, tout comme leurs glorieux prédécesseurs d'il y a deux siècles. Joyeux de la vie ils éprouvent le besoin de proclamer en des tableaux lyriques cette saine joie de l'existence. Peintres de race, ils travaillent par goût, par vocation pure, jour par jour, sans fatigue, sans défaillance, mesurant le temps à leur force et à leur puissant métier.

JOHANNES CHRISTIAAN KAREL KLINKENBERG.

PAR

JOHAN GRAM.

Fossé à Alkmaar, d'après un tableau.

JOHANNES CHRISTIAAN KAREL KLINKENBERG.

Notre art hollandais avec son nombre limité de grands artistes et le cercle
restreint dans lequel ceux-ci se meuvent, me fait songer souvent aux
personnages périodiques et immuables de la pantomime italienne. Que Colombine
trompe Arlequin ou qu'elle réponde à sa flamme, c'est toujours la même
beauté, de physionomie et de costume. Pierrot se montrera plus facétieux un

jour que l'autre, mais il sera toujours immédiatement reconnaissable. Il en
est de même des œuvres de nos maîtres populaires: nous les reconnaissons
à première vue. A peine sommes-nous entrés dans un Salon de peinture
que, de loin, nous saluons déjà toutes ces bonnes connaissances: ici, la femme
affligée et profondément éprouvée d'Israëls; plus loin, une vue de ville de
Jacob Maris; dans ce coin une vue des polders, de Roelofs; tous sont à leur
poste. Nous nous trouvons en pays de connaissance et nous pourrions déter-
miner d'avance quelles jouissances esthétiques nous sont réservées en ce milieu.
De même que le filet de bœuf à la jardinière et le turbot sauce hollandaise
font partie intégrante de tout menu qui se respecte, de même un festin d'art
ne pourrait se passer de ces belles pièces de résistance.

Le siège de Leyden, d'après un tableau au musée de l'Etat.

Il en va de l'art dans un petit pays comme des hommes dans une petite
ville. On le connaît à fond, avec toutes ses habitudes et sous tous ses aspects,
et s'il s'avise jamais de sortir de sa manière d'être accoutumée, toute la petite
ville est en émoi et les commérages d'aller leur train.

Non seulement Colombine reste toujours la même, et Arlequin se livre
invariablement aux mêmes tours, mais l'intrigue même dans laquelle ils jouent
un rôle ne se renouvelle guère. On peut en dire autant de l'art de nos
peintres. Il nous faudrait recourir à l'aride statistique pour faire le compte
des femmes affligées et des jeunes filles rêveuses qui ont quitté l'atelier
d'Israëls (sur la toile, s'entend); des vues de ville aux ciels mouvementés qui ont
été lancées dans le monde par Jacob Maris; de la légion de mers dont les
pinceaux féconds de Mesdag ont inondé nos continents. Cette statistique

établirait à l'évidence qu'un artiste peintre, tout comme un soliste, se contente de broder d'innombrables variations sur un ou deux thèmes favoris. Hollman ou Mme Joachim, font le tour du monde avec, pour tout bagage artistique, cinq ou six compositions qu'ils ne se lassent pas d'exécuter à chacune de leurs

Gysbrecht van Amstel, 5e acte, d'après une esquisse.

étapes; nos artistes peintres ne font pas autre chose, à proprement parler, et consacrent leur existence à exécuter des variations à l'infini, sur un seul thème.

Il en a été de même avec Klinkenberg, bien qu'il ait eu le bonheur de s'assimiler à tel point le genre adopté par lui qu'il ne court jamais le risque d'être confondu avec son voisin. C'est toujours une vue de ville hollandaise

observée par les yeux originaux d'un peintre qui est surtout un adorateur du
soleil. Du jour où il exposa, en 1878, son *Vijverberg* et où la critique et le
public autorisés approuvèrent et applaudirent ce début, son rôle lui avait été
définitivement assigné. Il avait trouvé sa voie. Désormais il aurait pour
mission de faire rayonner l'éblouissante lumière du soleil sur nos vieilles maisons
hollandaises aux briques rouges ou blanches, sur nos quais plantés d'arbres
qui se mirent dans la paix de nos canaux. C'était là le thème sur lequel
Klinkenberg ne cesserait de travailler. On n'imagine certes point pour un
Canaletto hollandais un champ plus riche que notre pays avec ses rues si
typiques, où l'une porte plusieurs fois séculaire parait toujours plus pittoresque
et plus captivante de lignes que l'autre, où à chaque pas le peintre et le
dessinateur n'ont pas assez de leurs yeux et de leur main pour voir et transporter sur la toile ou le papier toutes les curiosités qui s'imposent à leur
attention. On connaît la *Hollande à vol d'oiseau* d'Henry Havard, l'ouvrage
pour lequel Lalanne, ce dessinateur de tant de sentiment et de goût, exécuta
de si vivants croquis de nos petites cités et bourgades. A l'époque où Lalanne
explorait notre pays en compagnie de Havard, j'eus l'avantage de faire sa
connaissance et de jouir de son émerveillement devant le pittoresque et le
„caractère" des coins de pays que ses crayons révélèrent au monde entier.
Klinkenberg est notre Lalanne, notre Canaletto hollandais. Muni de son carnet
de croquis et de sa boîte à couleurs, il s'est rendu d'un endroit à l'autre, notant
chaque coin particulier, jetant son dévolu sur chaque édifice remarquable ou
sur chaque savoureux pâté de maisons. Le plus souvent c'est la reproduction
fidèle de la réalité, le portrait ressemblant du village ou de la ville, mais
éclairé d'une façon fort originale, avec des jours et des ombres qui n'appartiennent qu'à lui. C'est au soleil que notre artiste rapporte le plus de gloire,
c'est avant tout de son triomphe qu'il prend souci; et il recourt pour cela aux
plus violentes oppositions. Enfermez par exemple une de ses vues de ville,
le *Vieux Canal à Utrecht*, dans votre main repliée en manière de lunette, et
vous voyez le soleil embraser littéralement les maisons à gauche du tableau, et
scintiller encore dans le feuillage sombre des arbres lointains; tandis qu'à droite
les constructions sont maintenues dans des ombres opaques et compactes. L'artiste
obtient par là un effet de lumière vraiment saisissant. C'est un portrait de ville,
je le veux bien, mais qui n'a rien de commun avec la reproduction matérielle et
mécanique fournie par la chambre obscure. Klinkenberg se préoccupe avant tout de
fournir une image à la fois noyée dans l'ombre et caressée de lumière éblouissante,
d'exprimer le jeu pétulant des rayons du soleil, de représenter le coin de ville,
le quai, le canal choisi par lui, frémissant dans un bain de glorieuse clarté.

Alors que Jacob Maris, dans ses puissantes impressions, évoque à peine la
vision d'une ville ou d'un village, et qu'il intitule ces créations Dordt ou Schiedam,
— quoique ni l'une ni l'autre de ces villes ne parviendrait à se reconnaître en ces
splendides interprétations — chez Klinkenberg, c'est le portrait, la ressemblance,
le rendu fidèle du coin de ville qui prime le reste.

„L'Oude Schans" à Amsterdam, d'après un dessin.

La Porte d'Amsterdam à Haarlem, d'après une étude.

Après le magique soleil que Klinkenberg fit briller sur le Vijverberg de la Haye, et qui rendit à jamais inséparables ces deux noms à même désinence (Klinken- et Vijverberg), notre peintre a transporté en une série de vues de villes presque tout notre pays sur la toile. Il a peint aussi bien la porte d'eau à Sneek que l'hôtel de ville à Zutphen; la „chancellerie" à Leeuwarden que le marché de Nimègue ou le Saint-Bavon de Haarlem. Et son art généreux a fait rayonner la lumière avec une égale profusion sur tous ces édifices, sur ces tours, ces portes, ces fortifications, ces remparts, ces fossés. Il lui est arrivé une seule fois seulement d'échouer dans son téméraire effort pour rendre la lumière aveuglante du soleil dans toute sa crudité. Cette lumière ainsi

Le cimetière de Warmond, d'après une étude.

traitée contractait quelque chose de conventionnel et de froid, rappelant l'éclat de la lumière électrique, et prêtant aux maisons, aux rues et aux ponts l'apparence de constructions aigrement métalliques. Mais ce ne fut là qu'une erreur momentanée, qu'un accident, racheté aussitôt par une suite de puissantes créations dans lesquelles l'artiste est parvenu à saisir et à fixer exactement la lumière du ciel.

Cette adoration du soleil, Klinkenberg ne l'a probablement pas puisée entièrement en lui-même, mais il la tient, pour une grande partie, de son maître Bisschop. Alors qu'on trouverait difficilement une trace de l'influence de l'art de Bisschop sur celui de son disciple Klinkenberg, la parenté des deux artistes s'accuse par le culte ardent que tous deux vouèrent à l'astre roi.

Après s'être consciencieusement exercé l'œil et la main à l'Académie de
La Haye, où il eut pour compagnons, avec Apol, Boks le paysagiste enlevé
prématurément à l'art, Klinkenberg se mit sous la direction de Louis Meijer,
le mariniste alors célèbre, dont l'art était si apprécié que celui de Mesdag
l'est en notre temps. A peine un quart de siècle s'est écoulé depuis cette
époque, et qui se recommande encore de Louis Meijer? lequel de nos „jeunes"
a même entendu prononcer son nom? Vrai, j'aurais presque envie de brûler
la politesse à mon ami Klinkenberg, pour me lancer dans une digression sur
la fragilité de la gloire. Dans vingt-cinq ans, les hommes de 1923 n'honore-

La Weesperzy à Amsterdam, d'après un tableau.

ront-ils plus les célébrités de notre époque; auront-ils même cessé de les
connaître? Alors en assistant à la chasse à la renommée et aux distinctions,
en voyant comment l'un s'efforce d'évincer et de supplanter son voisin pour
décrocher le plus beau prix au mât de Cocagne, on est tenté de s'écrier avec
le prédicateur: Vanité des vanités! Ce que les connaisseurs prônaient et
exaltaient en 1860, ce qu'ils tenaient pour des chefs-d'œuvre nous fait hausser
dédaigneusement les épaules aujourd'hui! Sur quels autels sacrifierons-nous
en 1923, quand, blasés sur ce que nous adorons aujourd'hui, nous aspirerons
à un culte nouveau, à des dieux n'ayant point encore servi?

Mais revenons à notre sujet. Klinkenberg passa donc une couple de mois
à l'atelier de ce peintre alors réputé dont les collectionneurs se disputaient les

Le Groenburgwal à Amsterdam, d'après un dessin.

toiles. Les parents du jeune Klinkenberg eussent vivement souhaité de lui voir courir une autre carrière, mais son vœu et sa vocation parlèrent si éloquemment, que force leur fut de consentir à ce qu'il voulait. De chez Louis Meijer déjà souffrant et qui ne tarda pas à succomber, Klinkenberg se rendit chez Bisschop et c'est là, me semble-t-il, que le jeune peintre conçut ce grand amour et cette prédilection pour les prestigieux effets de soleil.

Ici le jeune artiste travailla et se développa dans une voie originale. Ne marchant nullement dans le sillon de son maître, l'élève peignait et dessinait ce qui le frappait et ce qui le requérait, aussi bien le paysage que la nature morte, tantôt la figure et tantôt la vue de ville. Klinkenberg alla même jusqu'à s'essayer au genre historique, ce genre absolument condamné de nos jours. En lisant le célèbre ouvrage de Motley, il fut frappé par l'héroïque discours du bourgmestre Van der Werff à ses concitoyens, pendant le mémorable siège de Leyde, et il représenta cet épisode en une esquisse. De celle-ci il tira un tableau avec figures de grandeur demi-nature, et ce début révéla tant de talent et réunit de tels suffrages que „l'association pour l'encouragement de l'art moderne" d'Amsterdam en fit l'acquisition et qu'il se trouve actuellement au Musée de l'Etat. Une autre fois *Gijsbrecht van Amstel*, la tragédie de Vondel, le hante tellement qu'il se décide à représenter en peinture les dernières scènes de la pièce, celles où la fidèle épouse déclare ne vouloir se séparer à aucun prix de l'héroïque chevalier. Cette belle composition est demeurée à l'état d'esquisse, mais l'allure de l'ensemble et l'attitude des figures renferment une promesse que le jeune peintre eut tort de ne pas remplir. Il y avait en lui l'étoffe d'un véritable peintre d'histoire, et précisément à cause de sa culture littéraire Klinkenberg aurait tiré constamment de l'histoire et du roman des sujets de compositions inédits.

En ce qui concerne la lecture et les connaissances littéraires, Klinkenberg est bien au-dessus de la plupart de ses confrères. Il partage la prédilection de Rochussen pour nos classiques néerlandais. Dans sa bibliothèque richement fournie la *Révolution des Pays Bas* de Motley voisine avec le Tacite de Hooft, les œuvres de Vondel, l'histoire de Bor, Molière, et bien d'autres écrivains encore, la plupart en des éditions princeps. Ce sont là les amis de Klinkenberg, ceux avec qui il entretient un commerce régulier. Sous ce rapport, il diffère de la majorité des peintres qui ne connaissent en fait de livres que leur carnet de croquis ou le catalogue des Salons où ils exposèrent.

* *
*

Quand, après un petit voyage dans le Brabant septentrional, Klinkenberg se fut essayé, non sans succès, tour à tour dans le paysage et dans la figure, l'étude qu'il fit de deux maisons caractéristiques situées dans la cour du Saint-Esprit à La Haye, lui révéla sa voie définitive : les vues de villes. Une couple d'orphelines dont il étoffa une perspective de cour d'hospice ne firent qu'en-

Le Vijverberg à La Haye, d'après un dessin. Collection de Mme Tersteeg.

tretenir dans l'esprit de chacun la conviction que l'originalité et la force de
Klinkenberg résideraient dans ce genre de paysages urbains. Ces *Orphelines*
font aujourd'hui partie de la collection Mesdag. Le *Vijverberg*, qu'on admire
au musée Boymans de Rotterdam mit le sceau à la réputation du jeune peintre
et fit sonner allégrement son nom presque prédestiné: Klinkenberg.

*   *
*

Il est à remarquer que dans les vues de villes de Klinkenberg, à la différence
de celles de Springer, les figures n'ont qu'une importance accessoire. Nos
peintres de villes, du xviie siècle, Van der Heyden, Van Berckheyden et
d'autres, étoffaient prodigalement leurs tableaux; ceux-ci grouillent de personnages, d'équipages, d'animaux; leurs places et leurs quais sont toujours animés

L'Orphelinat de Dam, d'après un tableau de la collection H. W. Mesdag.

par la foule. Le grand mérite de Springer consistait même en cette façon de
distribuer l'activité humaine en même temps que la lumière et l'air à ces
compositions. Klinkenberg rivalise plutôt, sous ce rapport, de sobriété avec
J. Weissenbruch, cet autre célèbre peintre de villes. Parfois une figurine
unique, une petite bonne en train de balayer le trottoir, ou l'encolure d'un
débardeur animent les quais ensoleillés de Klinkenberg, mais le plus souvent
le coin qu'il nous représente est vierge de toute présence animée.

Une fois seulement il prêta un caractère historique à une de ces vues. Ce fut

„*Groeneburgwal*"
D'APRÈS UN TABLEAU
appartenant à M. C. Noordendorp.

la fois où il voulut nous représenter Naarden durant ce terrible massacre du
1er décembre 1572. Toutefois, nonobstant l'importance des figures, la vue de
ville demeurait la chose principale avec ses maisons et sa rue couvertes de
neige, à côté d'autres maisons maintenues dans des tons sombres et opaques.

* *
*

Quoique Klinkenberg ait étendu à maintes reprises le champ de ses observations au delà des frontières pour nous représenter, par exemple, ce caractère
médiéval que des villes comme Bruges et Nurenberg préservent avec tant de
soin et de ferveur, de préférence il a confiné son art dans les limites du pays

Le Petit Vyverberg à La Haye, d'après une esquisse.

natal. Quand il flânait dans Bruges et qu'il se sentait impressionné et remué
par toute la mélancolique beauté de cette cité endormie comme une princesse
de légendes, il devait reconnaître qu'il ne s'était pas assimilé suffisamment le
charme poignant de ce poème de pierre pour le transporter d'emblée sur la toile.

Il en est des monuments comme des hommes. „Il faut avoir, dit un dicton
hollandais, mangé au moins un sac de sel avec eux avant de pouvoir se flatter
de les connaître." Klinkenberg admirait jusqu'au fanatisme les reliques archi-
tecturales des siècles révolus; il fléchissait le genou devant la ville d'Albert
Durer demeurée presque intacte; mais il l'adorait même trop sincèrement pour
devenir, après une si courte rencontre, autre chose qu'un adorateur platonique.

* *
*

En véritable enfant de La Haye portant à son berceau une affection toute
filiale (les registres de la population assignent le 14 janvier 1852 comme
date de la naissance de Klinkenberg), notre peintre a traité d'innombrables
fois des vues de cette ville, tant à l'huile qu'à l'aquarelle et à l'eau-forte.
Et au retour de l'une ou l'autre pérégrination à travers des villes et des villages
pittoresques, d'où il revenait chargé d'esquisses et de croquis, il louait et prônait
la Résidence, comme l'Eldorado, le paradis des artistes, le séjour incomparable.
Peut-être a-t-il raison. Dans *Nos maîtres d'autrefois* Fromentin a rendu à
la Haye un hommage enthousiaste et vibrant de sympathie, d'émotion. Il

Le Port de Hoorn.

vante surtout le calme aristocratique, l'animation de bon aloi, l'excellent ton,
la physionomie seigneuriale, les belles promenades, les souvenirs historiques
de cette résidence royale. On conçoit alors l'attrait qu'elle exerce sur un
peintre d'édifices historiques. Quelque temps Klinkenberg s'arracha au charme
de cette „Belle au Bois rêvant" pour aller se fixer à Amsterdam et y étudier,
y observer la Venise du Nord, dans toute son originalité et sa grandeur.
Springer l'a dit et répété si souvent: pour le peintre il n'est point de plus
magnifique ville qu' Amsterdam avec ses canaux bordés d'hôtels patriciens,
son Y, son Amstel, ses quartiers juifs et ses ruelles.
Klinkenberg établit précisément ses pénates aux quais de la „Weesperzijde"
que longe majestueusement l'Amstel, pour y observer le grand fleuve dans

Zierikzee.

Binnenplaats (cour intérieure) à Dordt.

toutes ses manifestations, à son réveil comme à son coucher, à son repos imposant comme au plus fort de son activité fébrile. Plus d'une œuvre d'art réussie est due à ce profitable et fervent séjour : pour ne citer que des Vues de canaux, la Weesperzijde par un temps de neige, l'Oude Zijdskolk, et tant d'autres coins essentiellement amsterdamois.

*
* *

Klinkenberg partage aussi le goût et le culte de son maître et ami Bisschop pour les meubles du xviiᵉ siècle et tous les objets se rapportant à cette glorieuse époque de l'histoire de la patrie. Dans sa demeure archaïque le peintre si vivant et moderne autant qu'on peut l'être fait presque l'effet d'un anachronisme. Parmi ces antiques dressoirs, ces bahuts solennels, ces chaises à hauts dossiers, le modeste artiste, toujours le dernier à reconnaître ses mérites, forme une exception éminemment moderne. De caractère assez renfermé, préférant la solitude studieuse à la foule puérile, l'excellent artiste s'estime sans doute avec le grand Thomas à Kempis, le plus heureux :

> In een hoekje
> Met een boekje.
> (Dans un petit coin vivre
> Avec un petit livre !)

ou bien devant son chevalet, dans son atelier si cordial, entouré de ses études, de ses bouquins, et de ses bons vieux meubles de chêne massif.

LODEWIJK FRANCISCUS HENDRIK APOL.

PAR

JOHAN GRAM.

Chez le meunier, tableau d'après nature.

LODEWIJK FRANCISCUS HENDRIK APOL.

Il est des élus qui viennent au monde, armés, pour ainsi dire, des pinceaux et de la palette, et qui produisent d'emblée et comme en se jouant des œuvres déjà importantes et remarquables; il en est d'autres moins privilégiés, qui, après avoir peiné et lutté durant de longues années, souvent sur le point de désespérer et de renoncer à la tâche, finissent enfin par trouver leur voie et s'affirment, eux aussi, comme des maîtres, des favoris du dieu des arts. De ce nombre est le peintre Apol. Son nom, d'ailleurs, n'est-il pas prédestiné? Apol ne se recommandait-il pas aux grâces d'Apollon Musagète? Il y a vingt-cinq ans, alors que le jovial Hoppenbrouwers vivait encore et brossait d'un pinceau alerte, tout en chantant et riant, ses *Hivers* si appréciés, dans son atelier de la rue de la Caserne à La Haye, ledit Hoppenbrouwers comptait parmi ses élèves le jeune Apol, alors âgé de quinze ans, qui s'exerçait à peindre à l'aquarelle. Le maître fantasque et insouciant ne s'occupait pas beaucoup, à vrai dire, de son laborieux disciple, mais les yeux perspicaces et le

L'approche de l'averse, d'après un tableau.

sens artistique du petit Apol trouvaient dans son entourage de nombreux stimulants et des exemples qui fortifiaient sa technique. Il voyait souvent Rochussen, quand ce génial illustrateur, homme de science et de bon conseil, venait donner une sorte de consécration aux peintures ou aux dessins du jovial „Hop." Souvent Rochussen mettait lui-même la main à la pâte. De cette collaboration entre l'illustrateur inventif et le solide peintre, le commençant vit maintes fois sortir une œuvre qui excitait sa vive admiration et devait exercer une grande influence sur son développement artistique.

Mais à tout prendre Hoppenbrouwers n'était pas homme à se préoccuper outre mesure de son élève. Lorsque ce bon vivant mourut une couple d'années après, ce fut Pierre Stortenbeker qui accueillit Apol et le styla, le façonna vivement, en passant ses études au crible d'une sévère critique. Apol „pratiqua"

surtout avec succès le paysage des environs de La Haye, notamment l'hiver,
quand la neige enveloppe la nature et que canaux et lagunes dorment dans
leur lit de glace. Ce n'est pas à dire que son tempérament de peintre fut
insensible aux magnificences de l'automne, de l'été et du printemps; mais il
était requis et sollicité avant tout par les multiples aspects de la neige vierge
et immaculée, et par les physionomies non moins variées des champs de glace.
Au début, toutefois, cette prédilection pour les spectacles de la saison soi-disant
ingrate ne se manifesta point avec l'ardeur et l'autorité qu'elle contracta par
la suite. La première œuvre qu' Apol exposa en public n'était même point

Beekhuyzen, d'après un tableau.

un paysage hivernal mais bien une vue d'été, une fine et délicate impression
de nature dans laquelle Apol avait merveilleusement „attrapé" le jeu pétulant
et mutin de la lumière d'or à travers les branches. Ce fut lors de l'Exposition
triennale de La Haye, en 1869, que le nom d'Apol s'imposa pour la première
fois au public. Rien de plus heureux que ce début. Le vieux peintre Schelfhout qui voyait juste et qui appréciait avec un rare discernement les travaux
de ses jeunes confrères, se déclara enthousiaste du radieux panneautin d'Apol
et prédit que „le garçon irait loin!" Sur la recommandation de Schelfhout,
ce fut même sa petite fille, Mlle Marguerite Rooseboom, la peintre de fleurs si
estimée, qui fit l'acquisition de l'œuvre de début du jeune paysagiste.

A cette époque le jeune artiste eut la bonne fortune d'être durant un an pensionnaire du roi Guillaume III. Il se mit en conséquence à l'œuvre avec une ardeur redoublée, et plus sa réputation se répandait dans le pays, plus il multipliait ses interprétations du paysage hivernal: prairies sous la neige, bois givrés, routes de glace, etc.

Le petite avenue dite du Cimetière, d'après un tableau.

Si vous vous promenez d'aventure au musée de l'Etat, d'Amsterdam, vos regards y sont attirés par *un soir de janvier sous bois*, incontestablement une des plus parfaites et poétiques productions du pinceau fécond d'Apol. Le soleil est sur le point de dire adieu à la terre; la lumière dorée scintille et pétille pour ainsi dire dans les nues suspendues au-dessus de la forêt brumeuse.

Des profondeurs du bois même s'élève le brouillard glacial. La neige dessine les silhouettes des arbres et recouvre le sol humide. C'est à peine si un couple d'oiseaux faméliques traverse à tire d'aile la mystérieuse et blanche forêt. Cette œuvre d'Apol se recommande par une vérité et une émotion saisissantes. La solitude et l'agonie de la nature y sont rendues de façon magistrale. En achetant cette œuvre, le gouvernement a eu la main heureuse; Apol n'a jamais fait mieux; cette fois il s'est même surpassé, et il y a lieu de féliciter l'acheteur de son acquisition. A partir de ce jour le nom du peintre était consacré. On se disputait l'honneur et le privilége de posséder un *Hiver*

Sous bois, d'après une aquarelle.

ou un *Paysage glacial* de ce chantre de la saison rigoureuse et austère. Et ceux qui ne voient point par leurs propres yeux et à qui l'œuvre du peintre révèle en quelque sorte l'œuvre du Créateur, s'émerveillèrent devant la variété inépuisable de ces paysages de neige et de glace, qu'on serait tenté de croire assez uniformes et monotones. Et cependant Apol néglige généralement ces éléments qui rehaussent l'attrait de la plupart des compositions de ce genre et qui les recommandent aux suffrages d'une catégorie d'amateurs. Ses tableaux demeurent rigoureusement des paysages et non des scènes de l'hiver. Sur les champs de Schelfhout, d'Hoppenbrouwers et des vieux maîtres néerlandais, l'essaim turbulent des patineurs, la femme préposée à l'entretien des réchauds, l'armée des balayeurs, le groupe des loueurs de patins, les échoppes de rôtisseurs et de friture, etc. contribuent largement à intéresser et à charmer

le spectateur. Tous ces pittoresques accessoires, toutes ces idylles sur la
glace, toute cette gaîté de l'âpre saison, font jubiler aussi celui qui la contemple.
Chez Apol on ne trouve trace de cet „étoffage" du site boréal. La simple
nature lui suffit. Elle est assez éloquente et prestigieuse par elle-même, et
Apol s'entend admirablement à en interpréter les confidences. Il l'a observée
dans sa solitude, dans sa léthargie, sous son linceul humide; il a surpris son
imperceptible frisson, son souffle à peine sensible; il nous la montre vivant
et respirant encore malgré son apparence funéraire. Et cette vie mélancolique
et touchante suffit à notre peintre. Il répudie les joyeux épisodes comme
autant de profanes hors-d'œuvre. Point de kermesse sur la glace où les

Par les glaçons, d'après une étude.

figures revêtent l'importance capitale et où l'impression grandiose de cette
nature d'hiver est refoulée à l'arrière plan par la foule ébaudie. Apol s'en
tient à la simple nature: il communie en son austérité, en son deuil, en sa
farouche tristesse.

L'art de ce maître est trop populaire et ses tableaux sont trop connus pour
qu'il nous faille entreprendre ici l'énumération de ses œuvres innombrables.
La liste en serait plus longue que celle des *mile e tre* conquêtes de Don Juan
arrêtée par Leporello. Tantôt ce sont de majestueuses et hautes futaies dont
les ramilles couvertes de neige et de givre présentent des filigranes de cristal
et d'argent faits pour désespérer la fantaisie d'un ciseleur; tantôt survient
l'humide et maussade dégel avec ses cieux plombés et ses moisissures jaunâtres.
Il suffit souvent à notre peintre d'un bout de canal et d'une infime masure

gardée par deux arbres grêles, pour composer la plus émouvante et poignante œuvre d'art. Une fois ce coin de paysage présente une couche de neige immaculée que fait chatoyer le soleil; l'autre fois, l'approche de nuages chargés de frimas et de grêle rend encore plus désolé l'aspect de la plaine blafarde.

Il y a quelques années je disais d'Apol, dans une critique de l'exposition de *Pulchri Studio:* „Généreusement doué comme l'est Apol, il lui arrive de donner la volée a des œuvres agréables, mais qui trahissent le défaut de ses qualités et portent la trace d'une facture trop superficielle et trop hâtive." Je n'ai rien à retrancher à cette appréciation. Toute supériorité comporte une part

Souvenir de la kermesse de La Haye.

de lumière et une part d'ombre. „Tout connaître, c'est tout pardonner" a dit le philosophe. Aussi, rien de plus excusable que la fécondité d'Apol. Comment imposer impérieusement à un gaillard si exubérant, dont le métier est si facile et si entraînant, dont le travail représente une telle ivresse, une telle joie créatrice, — le précepte d'un Boileau: „Cent fois sur le métier remettez votre ouvrage." A chacun son lot et ses moyens d'expression. Qui songerait jamais à convertir Rosine en une Gretchen, ou à demander à Tolstoï des boutades dans le genre de Jules Renard et de Tristan Bernard?

Il nous faut prendre les peintres tels qu'ils sont, avec leurs qualités et leurs faiblesses, avec les facultés ou les vices qu'ils tiennent de leur mère Nature. Apol ne serait plus lui-même, il se suiciderait esthétiquement parlant, s'il s'ingéniait à calmer son tempérament, s'il s'appliquait à se borner, s'il se défiait de cette rapidité de conception et de cette facilité d'exécution, ces deux ailes dont il fut doté par Apollon, son parrain. Nous ne sommes point de ces aristarques qui ramèneraient tout l'art, toute la poésie, toute la musique toute la peinture à un type unique de beauté, et pour lesquels il n'y a pas de salut en dehors de Racine, de Mozart et de Raphaël. Apol est Apol. Ses dons d'artiste sont riches et magnifiques; il les dépense prodigalement; il en régale nos yeux. Qui donc trouvera „la mariée trop belle?" Quel convive ingrat se plaindra de la munificence de l'amphytrion?

De loin en loin Apol se permit quelque incursion sur d'autres domaines que le sien. C'est ainsi qu'il peignit même un jour un épisode de la kermesse de La Haye, un coin de foire dont une reproduction accompagne ce texte. Avec ses amis Klinkenberg, Du Chattel et d'autres, Apol était un des fervents de la fête périodique. Lui et ses „copains" n'auraient eu

Famille de Samoyèdes à la Nouvelle Zemble.

garde de manquer à l'appel quand la foire annuelle battait son plein. Nul ne savourait plus que lui les boniments des pitres, les ronflements des clarinettes et le tonnerre des tambours, les pétarades des tirs, les ébats des danseuses, la course des carrousels! C'était le bon temps! Ces beaux jours sont passés, mais Apol nous les rappelle par son piquant tableautin. Quelle insouciance que celle de ces jeunes gens riches de leur seul capital de gaîté! En une semaine nous dépensions des trésors de joie que l'Allemand et même le Français auraient prudemment distribués au cours de toute une année! Oh! les gentilles et piquantes vendeuses de gaufres! mais ces belles Frisonnes

„l'Hiver à la campagne"

D'APRÈS UN TABLEAU

appartenant à Mme Tersteeg– Pronk.

dont le cœur était aussi généreux que les mains pleines d'assiettes à gaufres, ont disparu.

Mais où sont les gaufres d'antan?

comme eût chanté François Villon. On ne fait plus de gaufres que dans les fritures de *l'art pour l'art*. Les merveilleux carrousels ont cessé de tourner. Nous autres nous tournoyons bien encore, mais non plus en public....

Il en allait ainsi de tout ce que s'assimilait le tempérament d'artiste très réceptif d'Apol. Une vue de fleuve toute vibrante et scintillante de lumière et de vie, avec ses batelets à la dérive ou ses voiliers sous le vent; une forêt d'été ou d'automne au coucher du soleil; l'été dans la bruyère — son art

Karmakuli, station d'hivernage à la Nouvelle Zemble.

tirait parti de tout ce qui frappait ses yeux. Aussi personne dans notre cercle d'amis ne fut surpris, en 1880, en apprenant qu'Apol s'était présenté pour faire partie de la troisième expédition arctique avec le *Willem Barents*. Rien en effet ne devait plus sourire à cet adorateur de l'hiver, à cet artiste si vivant et si intrépide, que ce voyage aux régions des neiges et des glaces éternelles! Il suffit de parcourir son journal de bord illustré de toute sorte de croquis et de pochades au crayon beaucoup plus suggestifs que son texte, pour se convaincre de la ferveur et de l'enthousiasme avec lesquels Apol fit ce voyage. Heureusement le journal n'a pas tenu les promesses des premières pages et l'écrivain malhabile a-t-il assez opportunément fait place au dessinateur. J'avoue que cette entrée en matière à la Montépin m'avait un peu inquiété: „Deux heures sonnaient à l'horloge du *Willem Barents*, lorsque le remorqueur qui nous avait entrainés au large laissa désormais aux vagues et au vent le soin de nous conduire jusqu'aux régions polaires." Mais bientôt de courtes et laconiques notations alternent avec d'amusants croquis, instantanés dè terre et de mer, charges et silhouettes de l'équipage.

Ainsi commenté par le dessinateur ce texte devient très lumineux et très évocatif. Elle est même bien attachante la relation qu'Apol nous fait de ce troisième voyage du *Willem Barents* dans les mers de glace, durant l'été de 1880. Ainsi que maint autre peintre, il rend d'un mot plastique et qui fait image un détail matériel, ou une idée, ou même un argument. Il s'exprime par paraboles concentrées à peu près comme le jeune Sam dans les *Pickwick Papers* de Charles Dickens. Ainsi pour démontrer l'absurdité qu'il y aurait de la part d'un peintre à vouloir terminer un coin de son tableau avant d'avoir poussé assez loin l'ensemble, Apol s'exprima un jour en ces termes: „Autant alors mettre son shako de grande tenue au grenadier qui sort à peine du lit!" Et chacun se représenta d'emblée l'effet que ferait un tableau ainsi traité, en songeant à la figure grotesque d'un soldat non débarbouillé, et en pans de chemise, coiffé de son ourson de gala!

A bord du *Willem Barents*, sur lequel Apol s'était embarqué le 3 juin 1880, le service était réglé de telle façon que, même le médecin du bord et notre peintre avaient à faire leur quart comme les hommes. Apol appartenait donc à l'équipage et quoiqu'il fût toujours en train de s'escrimer des crayons, il lui fallait prendre part au second quart, grimper péniblement comme les autres, le long des cordages gelés, jusqu'à la grande hune pour s'y tenir en vigie. (On sait que la hune est une guérite en forme de tonneau, fixée par de fortes ferrures à l'arrière du perroquet de misaine et d'où l'on voit à une distance d'environ deux milles).

On poussa donc toujours plus au Nord, pour „aborder la glace" ainsi que s'exprime le commandant Van Broekhuijzen dans un rapport qui mérite d'être lu. Continuellement on s'engageait dans la glace même pour en mesurer l'épaisseur, la profondeur et l'étendue. Apol s'y trouvait dans son élément et il s'entendait comme pas un, ainsi qu'il est constaté dans le rapport, „à donner la configuration d'un glaçon après l'autre au moyen de quelques rapides traits de crayon." Ces banquises revêtaient les formes les plus extraordinaires: statues et groupes monstrueux, fleurs et fougères, oiseaux gigantesques.

Ainsi on atteignit, le soir du 18, l'île Karmakuli, et le lendemain on jeta l'ancre. Apol courait à droite et à gauche pour y prendre des croquis des établissements russes ou des autres points de l'île. Lorsque nos hommes regagnèrent leur canot, convaincus d'avoir trouvé l'île complètement inhabitée, un être vivant se présenta enfin à eux. C'était un Samoyède, qui avait probablement fait sa toilette pour recevoir ses visiteurs étrangers; ce qui expliquait le retard qu'il avait mis à se présenter. „Il portait une capote en peluche" dit

Matinée de brouillard, d'après une étude à l'huile.

le rapport, „sur laquelle il arborait, attaché à un fil de caret, le couvercle d'une
boîte à conserves en guise de médaille. Sous sa capote, il était vêtu d'une

A IJsel, d'après une étude à l'huile.

sorte de blouse découvrant une chemise proprette. Ses bottes étaient en peau
de phoque. À part son accoutrement il ressemblait d'une manière frappante

à un jeune Japonais.... Immédiatement après lui parut une jeune femme
drapée dans une capote en peau de renne et portant, elle aussi, de grandes
bottes. Il était visible qu'elle venait de procéder à ses ablutions, et cela en
notre honneur, car le contraste entre ses joues roses et ses oreilles crasseuses
était fort visible. Sur le front elle avait une sorte de ferronnière formée de
deux rangées de petites perles en colle de poisson. Elle allait nu-tête comme

Au pays de Gueldre, d'après un tableau.

son mari et ses cheveux séparés en deux nattes lui tombaient sur le dos."

On se mit alors à visiter la station en détail et on arriva aussi à la
demeure de nos deux indigènes. Dans un coin de l'unique chambre était
ménagée une sorte d'alcove en planches dans laquelle on avait accès par une
ouverture carrée haute de trois pieds. S'étant approchés de cette ouverture
les visiteurs aperçurent quelques peaux de bêtes et un bébé d'un mois tout
au plus. „Il reposait dans une petite auge en bois. emmailloté dans une peau
de renne, si serré dans ces rudes langes qu'il ne pouvait remuer. Pour le
bercer on déposait l'auge sur le bord de la table." Une bouteille de genièvre
dont nos explorateurs firent présent au bonhomme le rendit heureux comme
un roi.

Le mignon navire poursuivit sa course lointaine à travers les hautes montagnes de glace, escorté parfois par de nombreuses baleines dont les sifflements

ou les mugissements s'entendaient à une très grande distance, — jusqu'à ce
que, finalement, le hardi *Willem Barents* alla s'échouer sur un banc de sable.
Aussitôt le navire fut horriblement ballotté et reçut de sérieuses avaries à
babord comme à tribord, ce roulis furieux détachant de la quille des pièces
entières de bois de chêne. On jeta force lest et même du charbon par-dessus
bord. Tous peinaient et s'acharnaient pour remettre le bâtiment à flot, mais
c'était peine perdue. Nos marins connurent dès lors des moments critiques
et songèrent même plus d'une fois à abandonner le navire. Enfin le flot
détacha le *Willem Barents* du banc de sable et un peu d'espoir revint

Sous les bouleaux, d'après un tableau.

au cœur de l'équipage. Toutefois des jours pénibles continuèrent à se
succéder au cours desquels on constata combien le crâne petit navire avait été
éprouvé. Il leur fallut donc renoncer à pousser plus loin et on navigua vers
Hammerfest.

Le 4 septembre le *Willem Barents* entra toutes voiles dehors dans le port
d'Hammerfest et nos courageux navigateurs ne furent pas peu surpris de
recevoir la visite d'un prêtre catholique néerlandais, M. Krul, qui se trouve à
la tête d'une paroisse fondée en ces régions de l'extrême Nord. Ce pasteur
les invita à dîner chez lui, et ce repas fut si cordial et si joyeux, qu' Apol

Soir d'hiver en Hollande, d'après un dessin.

s'y reporte encore avec reconnaissance. Le 30 septembre le *Willem Barents*
rentra à Amsterdam, et, lorsqu'on l'eut fait entrer dans la cale sèche, on constata
qu'en certains endroits le franc-bord n'en mesurait plus un pouce d'épaisseur!

Apol a rapporté de cette périlleuse expédition un portefeuille bourré de
croquis, de dessins et d'études, une véritable mine qu'il exploita d'abord sous
forme d'illustrations pour le récit du voyage, et, ensuite, comme sujets de
tableaux. Mais ce ne fut que seize ans après, c'est-à-dire en 1896, que notre
peintre fut édifié sur l'importance du trésor qu'il avait rapporté des régions

Le Pôle Nord, d'après le Panorama d'Amsterdam.

arctiques. M. van Kesteren, l'avisé directeur du Panorama d'Amsterdam eut
l'excellente idée de proposer à l'artiste l'exécution d'un panorama de la Nouvelle
Zemble. Apol s'enthousiasma aussitôt pour ce projet et se mit incontinent à
l'œuvre avec ce zèle et cette ardeur qu'on lui connaît, en commençant par
brosser quantité d'esquisses. La composition plut à tel point aux directeurs du
Panorama que le peintre obtint la commande définitive. Travail de géant!
Et pourtant avant que trois mois se soient écoulés, le Nord formidable, avec
tous ses aspects et ses météores fantastiques, avec ses paysages grandioses,
attire au parc du Plantage d'Amsterdam des milliers et des milliers de curieux.
Ceux-ci, aussi bien les gens du pays que de l'étranger, continuent à affluer
pour admirer ce chef-d'œuvre de l'art d'Apol, où le soleil de minuit fait flamboyer

les banquises et où le prestige de l'exécution est tel que l'approche de la bourrasque glace le spectateur jusqu'aux moelles. De tous les panoramas que j'ai vus aucun ne m'a produit une impression aussi profonde que cette manifestation de l'art si puissant d'Apol.

*　*　*

Notre peintre qui, grâce à son voyage au Pôle Nord et à son Panorama, avait conquis une popularité croissante, demeura fidèle à son hiver *hollandais*,

Autre vue du Panorama d'Amsterdam.

mais alla toutefois se fixer de 1886 à 1892 à Roosendaal, près d'Arnhem, pour y étudier aussi la nature du pays de Gueldre. Dans une de ces pittoresques „feuilles volantes de Rosendaal" qu'il donne au *Nederlandsche Spectator*, Vosmaer a consacré des lignes enthousiastes à cette superbe contrée à laquelle Apol était allé adapter son art. „L'étranger a tort, dit cet auteur, de juger la Néerlande par la plaine humide et nue de la Hollande; il ignore que nous possédons une contrée où le vieux terrain de sable et de calcaire supporte une couche de sol ondoyante et accidentée, présentant des collines et des vallons, des rivières impétueuses, où les ruisseaux murmurent en sautillant dans leur lit de cailloux, où les chênes et les hêtres vénérables étalent, de la racine à la cime, des branches épaisses et feuillues, où les pins et les mélèzes frémissent

dans l'air vif qu'ils embaument de leurs balsamiques effluves; où les bouleaux
élancés, à l'écorce blanche ou moussue, arborent leurs panaches ombreux; où
la bruyère tapisse de velours fleuri l'étendue des garigues jusqu'aux limites
où des taillis de chênes et de jeunes sapinières ou des champs cultivés pros-
crivent la floraison farouche mais poétique des terres vaines.

„Car nous sommes fiers de notre Gueldre, notre jardin, notre Eden, et nous
en avons le droit, étant donné que la beauté d'un pays ne consiste pas en la
hauteur vertigineuse de ses montagnes, non pas en d'écrasants rochers et en
de terrifiants abîmes, mais bien en l'opulence de la végétation, en la variété
des lignes et des couleurs, en l'harmonie des mouvements et de la parure du sol."

Apol était venu prendre possession de cette nature si magistralement esquissée
par Vosmaer. Bientôt le Beau de la Gueldre ne fut pas seul à exercer sa
séduction sur lui. Notre peintre ne tarda pas à partager avec une beauté de cet
admirable pays, le cœur qu'il avait exclusivement voué jusqu'à présent à l'amour
de l'art. Le 30 septembre 1886 il épousa l'élue de ce cœur.

Apol ne vécut pas moins de six ans à Roosendaal, où les compactes avenues
de hêtres, les sapinières odoriférantes, la bruyère et ses vastes horizons, le
ruisseau jaseur ou la rivière majestueuse, exerçaient sur lui des séductions constamment renouvelées.

Vosmaer ne pouvait manquer de consacrer quelques lignes à Apol dans les
chroniques que je citais plus haut. „Apol, dit l'écrivain, occupe ici, dans les
environs, une maison adorablement située, et j'ai eu l'occasion d'y admirer
tous ces importants croquis du Pôle Nord, qui devraient être réunis et conservés dans une collection publique. Parmi les tableaux qu'il était en train
de finir, se trouvaient trois paysages d'hiver: une ferme couverte de neige
aux bords de l'IJsel, de coloris puissant et de composition intéressante; un
poétique sous-bois, où le soleil couchant rosit la neige accrochée aux branches;
et une avenue dont les arbres de haute futaie sont poudrés de cette neige
immaculée telle qu'elle se présente le matin. La nature y est fidèlement
étudiée, observée avec des yeux fervents et interprétée avec un talent remarquable. La délicatesse de l'exécution n'entame en rien la grandeur de la
conception. Si nous détournons les yeux de ce superbe *Hiver* pour les diriger
à travers la baie de l'atelier, celle-ci nous ouvre une perspective ensoleillée
sur une vaste étendue de cultures, bornée à l'arrière-plan par les grands arbres
de la chaussée de Roosendaal, et le tout surplombé par une immense nappe
d'horizon. Apol peut peindre ici d'après nature ses ciels toujours si émouvants."

Mais quelque agréable et enchanteur que fût ce coin de Roosendaal, Apol
commença à s'apercevoir qu'un artiste peintre ne se retire pas impunément,
en anachorète dans la solitude. Il éprouva la nostalgie de la ville, du mouvement, surtout d'un commerce avec des esprits de sa trempe; aussi transporta-
t-il de nouveau ses pénates dans la cité où il avait vu le jour le 6 septembre 1850.

Apol habite actuellement un des nouveaux quartiers de La Haye. Il a établi
son atelier dans les combles de sa demeure, afin que la lumière inonde à

profusion l'œuvre à laquelle il travaille. Tout y atteste à la fois son humeur héroïque et ses goûts pittoresques. Deux ou trois panoplies accrochées à la paroi, des armes de tous les pays et de tous les temps, parmi lesquelles d'étranges kriss indiens, révèlent le collectionneur et l'escrimeur ardent. Des armoires antiques et une multitude de bibelots remarquables par leur origine reculée, leur rareté, leur couleur ou leur forme, font de cette pièce un séjour très hospitalier. L'artiste a guidé le collectionneur dans l'arrangement et l'assortiment des objets au premier abord les plus disparates. Ainsi un eïder empaillé — souvenir de son expédition polaire — fera bonne figure parmi les vieilles porcelaines, les cuivres moyenâgeux et autres raretés.

L'art d'Apol obtint des distinctions officielles sous forme de médailles d'or ou d'argent aux expositions de La Haye, d'Amsterdam, de Liège, de Philadelphie et de Munich. Le roi Guillaume III le décora en 1887 de la Couronne de Chêne; en 1889 le Régent de Bavière le nomma chevalier de Saint-Michel.

Le monde artiste de La Haye se réjouit toujours de compter Apol parmi ses éléments les plus vivants et les plus gaillards. Si la table de chez Linke dans la Veenstraat jouissait de quelque popularité à cause de ce trio d'habitués: Apol, Du Chattel et Klinkenberg, l'atelier d'Apol situé dans la Juffrouw Idastraat n'est pas moins connu des peintres et des lettrés. Le programme de plus d'une fête de *Pulchri Studio* y fut débattu et arrêté en joyeuse compagnie, et durant de longues années Apol fut le boute-en-train et la cheville ouvrière des plus amusantes soirées de ce cercle célèbre.

B. J. BLOMMERS.

PAR

A. G. C. VAN DUYL.

La poupée, d'après une aquarelle, appartenant à M. Voelcker van Soelen.

B. J. BLOMMERS.

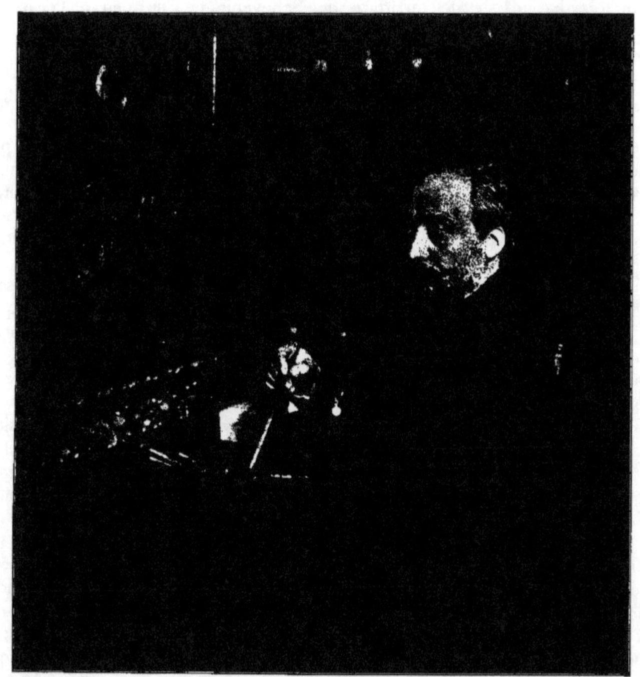

Un jour ensoleillé, de la neige sur les champs et encore une vague menace
de neige dans l'air; les canaux et les étangs pris par la glace; mais une
température agréable, tenant le milieu entre celle de la gelée et celle du dégel;
plus rien de cet affreux vent d'est d'il y a quelques jours qui menaçait de
vous pétrifier le cœur dès qu'on mettait le nez dehors. Bref un temps propice
à n'importe quelle lubie flâneuse, mais surtout fait à souhait, me disais-je, pour

pousser jusqu'à la Haye et y visiter M. Blommers. On m'avait instamment prié de m'entretenir un peu de Blommers avec les lecteurs de cette publication; et je ne demandais pas mieux. Mais quelque „documenté" que l'on soit, et quelque souvenirs que l'on entretienne, pour ces circonstances solennelles on désire retourner puiser aux sources mêmes

Blommers habite sur le territoire de Scheveningue, un peu à l'écart de l'ancienne route menant à ce village. On suit cette route jusqu'à l'Hôtel de la Promenade. On s'engage dans le petit chemin latéral partant de cette route et appelé le Stolkweg, pour arriver à la villa Johanna que Blommers s'est fait construire et aménager à son goût.

Dieu! Qu'il faisait beau le long de ce vieux chemin de Scheveningue et que, sous ce rapport, nous autres Amsterdammois nous sommes deshérités, un peu par le fait de la nature même mais surtout par notre manque de prévoyance en présence de l'extension continuelle de notre cité! Quel joli parti il y aurait eu à tirer des rives de l'Amstel, de celles de l'Y, des vieux *Singels*, du non moins antique bois de Leide avec son canal d'Overtoom, de tant d'autres coins encore!

Tout cela a été balayé et remplacé par d'immenses agglomérations de bâtisses pour la plupart fort laides, alors qu'avec un peu de goût et de souci esthétique, sans préjudice des nécessités pratiques, on eût pu convertir ces quartiers en une série de pittoresques promenades.

Vous n'avez guère été favorisé par le temps pour votre promenade à Scheveningue! me dit le concierge quand je rentrai à l'hôtel.

Différence de tempéraments et de points de vue. De par les nécessités de sa profession, le bonhomme était devenu une sorte de poule mouillée, grelottant à la vue d'un flocon de neige. En effet il avait neigé par moments, mais si peu, et je n'avais même pas songé à me munir d'un parapluie ou à prendre le tram. Mais qui y songerait au spectacle magique de ces beaux vieux arbres et de ces dunes inégales, en leur fraîche toilette de neige? On s'explique alors comment tant de mortels sont si fortement empoignés et impressionnés par la poésie de ces paysages qu'ils éprouvent le besoin de rendre leur impression. On conçoit moins comment, après avoir interprété leur sentiment, ils se confinent dans celui-ci et s'obstinent à ne plus rien exprimer d'autre, comme s'il n'y avait réellement rien de beau sur cette immense terre, que des bois drapés de neige! Tout en méditant ainsi, je me trouvai bientôt dans le vestibule du logis Blommers, attendant qu'on m'introduisît auprès du maître de céans.

Bien enviables encore les habitants de La Haye, à ce point de vue qu'ils ne sont point réduits, comme nous autres gens d'Amsterdam à être on ne peut plus ménagers du terrain à bâtir et à y regarder avant d'acquérir un ou deux mètres de plus. Il faut être millionnaire ou à peu près à Amsterdam, pour se risquer à construire une maison non étranglée dans toute sa hauteur par les maisons voisines. Voici une villa large et spacieuse, entourée d'un joli

Portrait de Mme Blommers, d'après un tableau.

jardin, un idéal auquel peut atteindre un simple artiste pour peu qu'il ait quelque succès. Et, tout en résidant sur la route de Scheveningue, on n'est pas isolé ici, à l'écart du monde, comme on le serait si on s'avisait de bâtir sur les rives de l'Amstel ou dans un autre quartier éloigné du centre. On est encore à la ville, on voit du monde, ce qui serait impossible à Amsterdam à moins d'être un gros financier ayant équipage.

La disposition du vestibule de la villa Johanna trahit déjà l'homme de goût et de sentiment, l'homme de foyer, soucieux de rendre son intérieur le plus agréable et le plus coquet possible, afin de ne jamais être tenté d'aller chercher

Willem Maris, d'après un tableau.

son plaisir au dehors. Pas de superflu, mais tout ce qu'il faut pour vous entretenir dans une humeur riante, voire joviale. Là, quelque part, dans un coin, sous l'escalier, vous découvrirez le perroquet familier — ce singe parmi les oiseaux, ainsi que le définissait Hofdijk — une source inépuisable de récréation pour les enfants, et, parfois, une cause de saisissement pour le visiteur, lorsque, sortant de l'antichambre pour examiner de plus près l'un ou l'autre tableau du vestibule, il s'entend brusquement interpeller par une voix rauque et rageuse.

A côté du vestibule est une enfilade de chambres meublées à l'antique. Là est suspendu, à une place d'honneur le portrait de Mme Blommers, le génie de la maison, et, accroché à un autre panneau, on admire un tableau représentant une petite blondine couchée à côté de sa cueillette de mûres sauvages. L'un et l'autre tableau sont réussis et nous en donnons une reproduction aux pages 161 et 163. Dans la chambre du fond est toute une collection de portraits d'enfants, dont Mme Schwarze, qui s'y connaît, ne parvient sans doute pas à détacher les yeux lorsqu'elle se trouve dans ce *home* cordial. Mesdag, qui s'entend aussi à faire son choix dans l'œuvre de ses émules, possède dans sa riche collection une couple de têtes d'enfants de Blommers appartenant à ce que celui-ci a fait de mieux.

Cette chambre de famille est encore décorée de deux tableaux représentant des fleurs. De simples fleurs des champs! Mais des souvenirs d'une promenade

Après la cueillette des mûres sauvages, d'après le tableau
appartenant à Mme Blommers.

des enfants dans les dunes! Le père avait peint séance tenante les bouquets cueillis par ses petiots. Ces fleurs présentent je ne sais quelle grâce et quel charme presque humains; la rusticité en est caressée comme par la sollicitude dont le père enveloppait ses enfants. L'atelier de Blommers situé à l'arrière, s'étend sur toute la largeur de la maison. Habitué à nos appartements étriqués d'Amsterdam, cet atelier m'a toujours frappé comme un véritable Eden pour un peintre. C'est même une très vaste pièce comparée aux chambres pourtant spacieuses de La Haye. Une très belle lumière qu'on peut tempérer et distribuer à volonté tombe à la place où le maître a coutume de peindre. Le plus souvent, Blommers ménage vers le fond de la pièce un délicieux et presque langoureux clair obscur; une atmosphère de morbidesse. Naturellement les parois sont tapissées à profusion d'études et de souvenirs de sa vie d'artiste. Là, sous le portrait d'un de ses enfants par Maris, figurent un paysage de De Bock, une marine de Mesdag, une eau-forte originale de Millet d'après ses *glaneuses*. Et puis? Plus rien. Les accessoires ordinaires Pas la moindre ostentation ou prétention. Simplement ce qui est nécessaire à un homme habitué à un travail probe et assidu, interprétant la nature telle que la voit son âme, sans ornement et sans viser à l'effet. Je m'étais rendu chez Blommers pour lui demander l'une ou l'autre chose, mais l'interview n'est point mon affaire faut-il croire, car aussitôt que Blommers se met à parler d'art il est trop intéressant pour que je songe à l'interrompre et il me fait même oublier pourquoi j'étais venu le voir.

Ce matin, assis dans le train, j'avais de nouveau été frappé, comme tant d'autres fois, par une particularité appartenant en propre à ce pays, notamment, comment, à n'importe quelle heure du jour, l'atmosphère concourt à produire

Pierre Blommers, d'après un tableau.

une harmonie de couleurs que l'on chercherait vainement ailleurs ou tout au moins qui ne frappe pas autant. Et je me disais — peut être avec un peu d'amertume et de supériorité: „Il faut vraiment être dénué de tout talent ici pour ne pas avoir le sentiment du coloris. Car on trouve le coloris à profusion et tout fait dans la nature. L'harmonie des couleurs règne continuellement ici. On aura beau faire chaque jour le même chemin dans ce pays, chaque jour les yeux éprouveront la même satisfaction. Continuellement ils s'arrêtent sur des motifs à peindre, et ces motifs varient et se renouvellent à tout instant."

„En effet, constata Blommers, mais le coloris ou ce que vous appelez simplement la couleur, n'est point l'essentiel dans un tableau. Il est possible de faire un bon tableau, sans couleur déterminée, uniquement par des oppositions de lumière et d'ombre. Mais il importe qu'un tableau ait de la *tenue*, c'est-à-dire qu'il présente un équilibre parfait entre cette ombre et cette lumière. Considérez plutôt un tableau d'un grand maître. On ne pourrait en retrancher ou y ajouter la largeur d'un seul pouce. La *tenue* en serait compromise, l'équilibre rompu. Ce maître sait bien à quelle place chaque objet doit venir, et rien dans ce tableau ne pourrait être porté ailleurs. Et quant au changement continu des effets de la nature, on peut dire que le spectacle change avec le spectateur! Si le spectacle est varié, les façons de le voir sont peut-être plus variables encore!"

Je me rappelai ces paroles le lendemain. Roelofs venait d'atteindre sa soixante-dixième année. Tous les amis et admirateurs du jubilaire s'étaient rendus chez lui pour lui offrir son portrait magistralement traité par Israëls. En nous en retournant chez nous, quelques peintres et moi, on rappela dans la conversation que Roelofs avait découvert à nouveau le paysage hollandais. Lorsqu'il y a une quarantaine d'année, il était revenu de Bruxelles pour s'établir à Dordrecht, d'autres peintres vivant dans cette ville s'en allaient ailleurs. Ils se rendaient en Gueldre, tout le monde allait en Gueldre à cette époque. Là seul existait la nature. Ailleurs c'était le néant, c'est-à-dire de fastidieuses nappes d'eau, des saules tortus, et des fossés et des prairies à n'en plus finir. On se demandait ce que Roelofs venait chercher par là.

Ce qu'il venait y chercher et ce que lui, ce que Gabriel et d'autres, en ont

Marie Blommers, d'après un portrait à l'huile.

si merveilleusement rapporté, nous le savons tous aujourd'hui. Le spectacle
était resté le même, mais il était venu d'autres spectateurs.

On pourrait dire la même chose de Blommers, quoiqu'il n'y songeât point
lui-même, le jour où nous agitions ce sujet. Blommers n'a pas découvert
Scheveningue; cette découverte avait été faite depuis longtemps, bien avant
qu'il commençât à peindre, mais il l'a vu autrement que d'autres ne l'ont vu.
Il a découvert quelque chose de tout à fait original dans les hameaux, les intérieurs et les bicoques de Scheveningue; quelque chose qu'il a traité d'une
façon toute particulière et dont il a tiré un merveilleux parti; quelque chose
qui assure à son art un caractère absolument indépendant et personnel.

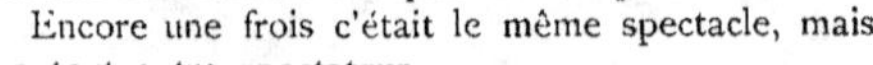

Encore une frois c'était le même spectacle, mais
un tout autre spectateur.

Nous avions jaboté quelque temps, quand Mme
Blommers fit son entrée portant sur les bras son
dernier-né, Thérèse, la filleule de Thérèse Schwartze
qui l'a tenue sur les fonts baptismaux. Un amour
d'enfant avec de beaux grands yeux d'un noir
vivace, et fine comme une femme faite. Car, comme
si elle s'était doutée des bonnes intentions avec lesquelles j'étais venu voir son père, elle me fit immédiatement risette et nous devînmes les meilleurs
amis du monde. Mais peut-être était-ce aussi à
cause de mes lunettes. C'est singulier l'attrait que
ces brillants objets exercent sur les petits enfants,
attrait grâce auquel ceux-ci sont aussi portés en
notre faveur. Mais comment ayant un père, une
mère et une marraine pareils, cet enfant ne
deviendrait-elle pas un être supérieur et exquis?

On ne connaît point Blommers si l'on ne connaît
aussi sa femme et quiconque la connaît, sans sym-
pathiser tout de suite avec elle et sans la vénérer,

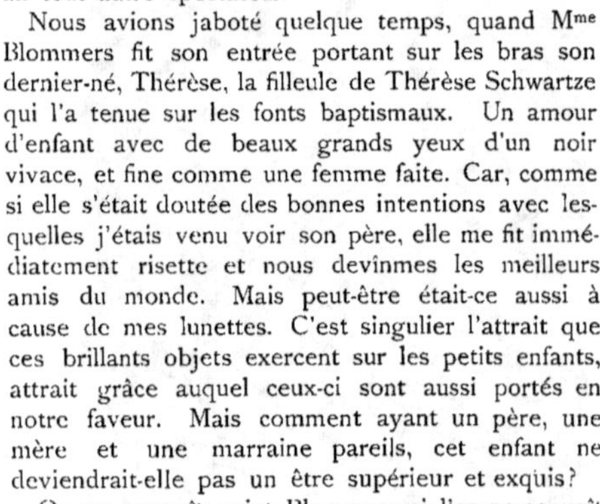

Dessin à la plume.

n'apprécie point ce qu'une femme, brave, économe,
laborieuse, dévouée, diligente et éveillée, représente dans la vie d'un artiste.

Entrons chez Blommers, dans ce cercle de famille, le soir, à l'heure du thé:
Un tas d'enfants autour de la grande table ronde: c'est Johanna, Bart, Marie,
Bernardine, Pierre, Willem, Henriette. Thérèse, la cadette, est encore aux soins
de la nourrice. Tous jolis et mutins minois, éveillés et rieurs comme il ressort
des reproductions ci-incluses, quoique tous aient un an de plus depuis que
furent peints ces portraits. Ils jouent ensemble ou font leurs devoirs, ne se
mêlent à la conversation des grandes personnes que si on les y invite, et pour
peu qu'ils élèvent trop la voix et empêchent les grandes personnes de s'entendre, il suffit d'un seul mot, ou même d'un regard de Mme Blommers, pour
les réduire au silence. A la file, par rang d'âge, ils se retirent pour monter

Joie maternelle, d'après un tableau en la possession de M. J. H. van Eeghen.

se coucher, sur un simple clin d'œil de leur mère, sans que le visiteur l'ait seulement remarqué. „Il faut de l'ordre, dit Mme Blommers, sinon nous ne saurions plus où donner de la tête!"

Et l'ordre, la discipline ne manquent pas; on le constate d'emblée et l'on devine avoir affaire à une maîtresse femme; à une ménagère modèle.

Mais elle est encore mieux que ça: elle est l'aimante et intelligente compagne, s'intéressant vivement à l'œuvre de son mari et à ce qui se passe dans le monde des arts.

Mme Blommers possède ce sens intime, ce goût inné du beau et du bien, qui ne se laisse pas égarer par des considérations étrangères à l'art et qui „tape" toujours juste. Aussi s'explique-t-on le prix que Blommers attache à l'appréciation de sa femme, de celle qu'il appelle en riant, „son public."

Un simple portrait ne suffit pas à vous donner une image réelle de Mme Blommers. Il faut la voir, quand elle parle; les yeux pleins de feu et de vie; la physionomie mobile, pleine d'expression et de mouvement; rendant inconsciemment les caractères principaux du personnage dont elle s'occupe; arrivant presque à „jouer" ce qu'elle raconte.

Et avec cela, toujours bienveillante, cordiale, aimable; la conversation riche en traits imprévus et en rapprochements, en boutades qui sont autant de trouvailles.

Impossible de vivre auprès de ces gens, sans se sentir au cœur ce que les Hollandais appellent une humeur de dimanche. Car Blommers même est digne de sa

Etude au pastel.

femme. Il appartient à cette heureuse classe d'artistes qui font partager aux autres la joie, le contentement, les nobles émotions que leur procure leur métier. Ni pédantisme, ni rien de scientifique chez Blommers. Il est rond et jovial, tout spontané; il a le cœur sur la main. Il parle d'abondance, et cause de tout sujet; s'enthousiasme pour tout ce qu'il trouve beau, et exprime naïvement et sincèrement ses admirations en joignant des gestes expressifs à sa parole convaincue. Il en est ainsi de son art: spontané et vivant. Tantôt un intérieur chaud et confortable; puis une plage ensoleillée; une autre fois l'approche d'une averse qui fait se réfugier les promeneurs sous un auvent.

„*Sur la plage*"

D'APRÈS UN TABLEAU

appartenant à M. M. Boussod Valadon et Cie.

A deux nous avions parlé d'un dessin devant servir à illustrer ce texte et
dont je désirais revoir l'original.

Blommers furetait dans un de ses portefeuilles ventrus; il n'y était pas; dans
un autre non moins gavé, il n'y était pas davantage; dans un troisème, nous le
tenions enfin. Mais quel tas de croquis et de pochades: ce que cela représentait de travail! Et dire que l'artiste ne cessait d'enrichir ses réserves d'études!

Etude au crayon noir.

Le lendenain je
me rendis à l'ex-
position Bosboom
à Pulchri. On avait
réuni 125 esquis-
ses, dessins, cro-
quis, trouvés dans
des tiroirs oubliés
et au fond d'anciens
portefeuilles du
maître. Toutes cho-
ses que celui-ci
n'avait point destinées au public, et dont
pourtant il n'en était aucune qui n'eût fait
la joie d'un collectionneur.

C'est à se demander si, quand notre jeunesse sera devenue vieille à son tour, elle
pourra mettre en lumière aussi tant de
preuves d'un travail persévérant, honnête
et solide?

Nous voulons bien l'espérer.

Le père de Blommers était lithographe
et notre artiste destiné au même métier
en avait étudié assidûment les principes
et la technique; mais à l'académie de Dessin
de La Haye dirigée par Van den Berg, il
y avait aussi Maris, Mesker et bien d'autres
encore qui édifièrent le jeune Blommers
sur ce qui se passait en lui et sur sa véritable vocation. Lorsque ses camarades
allaient dessiner à la campagne d'après
nature, il les accompagnait. Naturellement la lithographie ne pouvait que souffrir
de ces excursions du jeune homme sur un domaine d'art plus pur; aussi
devait-il alors se rattraper la nuit. Enfin il obtint de pouvoir suivre les cours
de peinture et d'abandonner la lithographie. C'est en 1869 qu'il exposa pour
la première fois.

Son tableau qui fut fort remarqué était placé par hasard à côté d'une des

grandes compositions d'Israëls et cette circonstance fit que les deux artistes
lièrent connaissance. Leur liaison datait surtout du jour où il se rencontrèrent
sur la plage de Schéveningue. Israëls, en contemplation devant la mer, faisait,
selon son habitude, à haute voix et avec force gestes enthousiastes, ses
réflexions sur le magnifique spectacle; et il s'aperçut bientôt que le jeune
homme assis à côté de lui, et qui partageait son „emballement" était non
seulement un amateur de peinture, mais son talentueux voisin de l'exposition.
Depuis, Israëls a toujours été pour Blommers un ami et un conseiller très sûr;
aussi, Blommers porte-t-il au grand peintre un culte qui va jusqu'à l'adoration.

Le Musée de l'Etat d'Amsterdam possède de Blommers, le tableau bien
connu les *Pêcheurs de crevettes:* des enfants de pêcheurs traînant une nasse
dans l'eau de la plage, tandis que d'autres petiots s'amusent à faire naviguer

La plage à marée basse, d'après un tableau.

des petits bateaux dans les baissières. Un autre tableau, plus petit, du même
musée, représente une jeune fille en train de tricoter dans les dunes.

La société Teyler détient une de ses plus belles aquarelles; la Pinacothèque,
à Münich, un superbe tableau. Une autre toile, très importante, intitulée
Bonjour, père! fait partie d'une célèbre collection à Zurich.

Nombre de tableaux de Blommers se trouvent en Angleterre; entr'autres
dans la collection de M. Forbes et dans des galeries à Glascow et à Edinbourg.
Il serait difficile de dire en quelles mains sont tombées telle et telle de ses
œuvres, le peintre l'ignorant souvent lui-même.

Ainsi il reçut un jour la visite d'un prédicateur de Boston, grand amateur
d'art, le révérend Philips Brooks. Ce pasteur avait été invité à prêcher à
Londres, dans la cathédrale de Westminster, et s'était rendu expressément

d'Angleterre en Hollande, pour y voir le peintre dont, à l'insu de celui-ci, il

Petit moulin dans le Brabant septentrional, d'après une étude à l'huile.

possédait un joli tableau dans sa collection. Ce qui achève de peindre Blommers, c'est qu'il accueillit cet hommage et cette haute marque de distinction avec une tiédeur ressemblant à de l'indifférence ; il apprit plus tard seulement et par

Fidèles se rendant à l'église, dans le Brabant septentrional, d'après une étude à l'huile.

d'autres Americains que son admirateur était un personnage très important et

Vue de village dans le Brabant septentrional, d'après un pastel.

très renommé. Miss C. M. P. Hillard publia à cette époque un très élogieux article sur Blommers dans l'„Artist" de Boston.

Des œuvres de Blommers se rencontrent en Hollande, notamment dans les

Vue de village dans la Gueldre, d'après un pastel.

collections de MM. L. V. Ledeboer, de Rotterdam, H. W. L. Post, Verstolk Voelker, H. W. Mesdag et Taco Mesdag à La Haye.

Moedervreugd (Joie maternelle) qui appartint autrefois à M. Post est aujourd'hui en la possession de M. Van Eeghen qui nous a grâcieusement autorisé à en donner une reproduction (voir Page 166). *De Afslag* appartient à un autre collectionneur de la Hollande. Au nombre des autres possesseurs de tableaux de Blommers, on cite MM. Langerhuyzen et Westerwoudt. Celui-ci a le *Repos des Pêcheurs*.

Etude au crayon noir.

Blommers remporta plusieurs médailles: à Amsterdam, à La Haye, Paris, Anvers, etc.

Lors de la grande exposition internationale, en 1883, il obtint le diplôme d'honneur. Il y avait trois magnifiques toiles dont une *plage ensoleillée*.

On se souvient aussi de l'importante composition avec figures, une *Plage* aussi, qu'il exposa à Amsterdam, dans un des derniers salons triennaux. Elle lui valut la grande médaille d'honneur, et une distinction peut-être plus flatteuse encore, la maison Goupil de Paris ayant fait tirer de ce tableau une superbe photogravure (Octobre 1882) sous ce titre *Le départ des Péniches*, plage de Schéveningue.

Si nous ne nous trompons, le tableau est aujourd'hui en la possession de M. Ledebroer, de Rotterdam.

Mais il est fastidieux de vouloir donner une idée de pareilles œuvres si l'on ne peut les montrer en même temps. Tout paraît possible — mais en vérité il n'y a souvent que *l'apparence* de cette possibilité — en ces temps où les peintres vont se mettre à écrire avec le pinceau, où les écrivains peignent de la plume, où les poètes veulent susciter des impressions musicales au moyen de vocables choisis à cette fin et où les compositeurs même se flattent de représenter une action dramatique au moyen seul des notes de musique. On arrivera ainsi à cette grande confusion des arts, à cette Babel des esthétiques, très à la mode aujourd'hui, mais dont je ne suis nullement partisan.

Parmi les reproductions illustrant cette causerie, le *Petit Moulin*, les *Fidèles se rendant à l'église* et les deux pastels, deux vues de village aussi, sont des études faites par M. Blommers à Hees, près d'Eindhoven, où il passa deux étés consécutifs avec les siens. Et c'est qu'il en possède des tas encore de ces études, dans son atelier: intérieurs, cours, coins de village, journaliers, repos de valets de ferme, familles de paysans, repas chez des humbles avec une potée d'enfants massés autour de leurs parents comme une nichée de pélicans voraces. Autant de matières pour de prochains tableaux.

Le repas des journaliers.

L'enfant à la poupée qu'on a vu plus haut est une aquarelle, Blommers excelle dans ce genre. Il y met une observation, un mouvement, une sympathie admirables.

Il n'est pas moins habile aquafortiste; et, toujours, avec ce faire large et savoureux qui le caractérise.

L'enfant assis dans sa chaise près de la cheminée ensoleillée pourrait presque servir de facsimilé de la signature de Blommers. Tout chez lui est sincère, vrai: ses pêcheurs, ses lessiveuses, ses enfants joueurs. Ça le distingue de maint de ses confrères, ayant du talent, mais dont les œuvres faites de *chic* ne parviennent pas à cet accent, à cette vibration.

Un des meilleurs morceaux de Blommers est intitulé *Où sont les pigeons?* C'est un pittoresque intérieur de pêcheurs, à Schéveningue. Le carrelage du sol est masqué en partie par des paillassons; au plafond enfumé est suspendu une cage d'osier jetant une note jaune clair dans cet intérieur bruni. La mère, une figure robuste et saine, soulève son bébé vers cette cage où sont les petits pigeons. C'est tout à fait charmant.

L'œuvre qui avait été proposée „par une commission" pour le musée de l'Etat, nous a été ravie à cause du *veto* d'un fonctionnaire qui ne la trouva pas assez bien dessinée!

Toujours l'éternelle querelle entre les artistes inspirés par le sentiment et la poésie, et des jugeurs bornés qui ne saisissent rien du charme original d'une œuvre, à qui la quintessence de cette œuvre d'art échappe complètement, et qui ne voient ainsi dans l'une ou l'autre manifestation que les points faibles ou les côtés defectueux.

Critiques d'art et jugeurs officiels semblent craindre surtout qu'on puisse leur reprocher de ne pas avoir vu une faute légère, une vétille dans l'œuvre qu'on leur soumet. De là un examen minutieux et détaillé. Que l'œuvre révèle du génie ou du sentiment, ils ne s'en aperçoivent plus, en admettant qu'ils aient jamais su s'en apercevoir. Cela leur est étranger ou leur est devenu étranger comme du sanscrit. Mais que cette chaise ne soit par en équilibre, que ce doigt soit trop court ou trop long! Voilà qui est horrible! Nos aristarques de crier à l'abomination. L'artiste capable de pareille erreur ne mérite plus aucune indulgence. On devrait même pouvoir le pendre.

„Vous prétendez que cette œuvre révèle des qualités remarquables, un rare mérite, un véritable tempérament. C'est folie de votre part! Ce prétendu artiste ne sait même pas dessiner. Qu'il s'en retourne à l'école!"

Ah! les botocudos! comme les appelait si plaisamment Hector Berlioz, qui eut aussi toute sa vie à se plaindre de pareils augures!

A. G. C. van Gruyl

THÉRÈSE SCHWARTZE.

PAR

H. LEONARDS.

Les néophytes luthériens, d'après le tableau du Musée Suasso.

THÉRÈSE SCHWARTZE.

„Vous désirez savoir comment je suis? Eh bien, comme toujours: petite, maigre et osseuse, vilaine en un mot, avec de gros yeux verts à fleur de tête (verts, pas noirs) et un teint blême. Voilà Thérèse Schwartze."

Si l'excellente artiste avait consulté l'original lorsqu'elle ébaucha en 1879 à Paris, ce portrait peu flatté, elle aurait vu tout au moins ses yeux sous une autre couleur: ceux-ci sont d'un noir profond et brillant. Oui, ils sont tels, lorsqu'un sujet quelconque impressionne sa vivace nature d'artiste, ou, lorsque ayant lieu de se réjouir, elle lâche la bride à sa belle humeur ; alors ses prunelles ne sont plus que pupilles et sa physionomie se concentre pour ainsi dire dans ses yeux. Au repos, ces yeux présentent une nuance d'un brun clair qu'elle voulait erronément faire passer pour du vert, et quant à leur enflure, c'est un défaut qu'ils ont de commun avec ceux de tous les myopes.

Elle a le droit de se dire maigre quoique un homme poli la trouverait tout au plus délicate. Petite, elle l'est, mais comme tous ceux qui ont à peu près la taille moyenne. Je tiens, par une indiscrétion de son cordonnier, que Thérèse Schwartze a le plus mignon pied du monde ; de plus elle a des mains non moins menues et délicieusement formées ; des amours de petites oreilles ; une bouche tout aussi petite, et le visage d'un galbe exquis. Tout cela joint à la vivacité de ses mouvements et de ses allures, la fait paraître plus petite que nature.

Le reste du portrait est tout aussi fantaisiste. Comme tous les artistes de tempérament éveillé, Thérèse Schwartze peut travailler longtemps et abondamment ; elle n'est même pas contente si elle ne peut travailler. Aussi elle s'attelle à la tâche dès le lever du jour et elle ne s'accorde, à elle et à ses modèles, que les minutes de trève indispensables. Lorsqu'elle a dû beaucoup se fatiguer, par exemple pour faire prendre et reprendre la pose à un enfant turbulent ; — lorsqu'elle a rencontré une de ces déceptions trop fréquentes dans la vie des artistes ; — lorsqu'elle s'inquiète au sujet de parents ou d'autres personnes chères ; — lorsqu'elle ressent trop vivement les variations de notre capricieux climat ; — lorsqu'elle a été trop souvent distraite de son travail par des contingences profanes et mondaines ; — bref, chaque fois qu'elle a été énervée — ce qui était plus souvent le cas autrefois qu'aujourd'hui — elle répond en une certaine mesure à ce portrait par elle-même. Mais alors cette contrariété passagère, qui la vieillit et l'assombrit momentanément, contribue à rendre encore plus séduisante l'instant d'après la petite personne nerveuse, originale et spirituelle qu'elle est en réalité.

Lorsqu'elle traçait les lignes reproduites plus haut, elle venait d'arriver à Paris et sa santé n'était pas des plus solides. Avec sa taille fine et sa pâleur extraordinaire, elle représentait une si chétive petite créature que ceux qui la voyaient pour la première fois la croyaient sincèrement atteinte de phtisie. Elle même écrivait :

„Je croirais bien qu'une bête est logée dans mon dos, une bête qui me ronge continuellement la carcasse. Elle a beau trouver la chair assez rance et coriace, elle s'acharne et ne se laisse pas rebuter ; il faut croire qu'elle s'en contente, faute de mieux !"

Cette dépression morale provenait simplement de la fatigue du voyage et du changement d'atmosphère. Sous ce rapport aucune ville n'est plus énervante et plus „éreintante" que Paris, surtout pour des natures réceptives, avides d'impressions, qui voudraient tout voir et s'assimiler à la fois. Thérèse Schwartze

qui se flattait de faire en quelques mois la conquête de cet immense Paris,
rencontra évidemment quelques déceptions, mais bientôt elle reprit son calme,
elle jugea moins fébrilement les choses, et l'air salubre de Paris ne tarda
point à la remettre en possession de tous ses moyens. Depuis, au lieu de
vieillir, elle semble constamment rajeunir au contraire, et personne ne trouvera
ressemblant aujourd'hui le portrait qu'elle nous donna autrefois d'elle-même.

Thérèse Schwartze a toujours entretenu la plus grande répugnance pour le
débraillé moral et physique des femmes soi-disant émancipées. Elle partage à

Les Orphelines (Musée Boymans, à Rotterdam).

cet égard le sentiment de son père — le guide et le tuteur vigilant et dévoué
de sa jeunesse artistique — qui estimait qu'il n'existe pas d'immunités et de
privilèges pour les artistes et que les règles du beau, du bien et du vrai sont
les mêmes pour tout le monde. Jamais les productions de Thérèse Schwartze
ne trahirent cette négligence et ce laisser-aller que tant de *Snobs* tiennent
pour la marque du génie et le cachet essentiel de l'artiste. Comme toute sa
personne, ce qui l'entoure dans son atelier respire l'ordre, la décence et le
goût; elle a mis son art d'accord avec sa règle de conduite. Et tel est même
le secret de sa force créatrice et de son activité. La correction et la dignité de

sa vie s'allient chez elle, comme chez tous les siens, à un tempérament géné-reux, à un grand fond de sympathie et de compréhension. Sérieuse et même sévère dans son atelier, elle est la joie, l'espièglerie même dans le cercle de ses parents et de ses amis. Pour peu qu'elle n'ait point à souffrir d'un vent contraire et quelle n'éprouve nulle contrariété, elle ne tarit point en saillies piquantes et originales, en réparties pleines d'à-propos et d'imprévu. Elle a parfois des traits d'une naïveté adorable, parce quelle est trop naturelle et trop spontanée pour peser ses paroles avant de leur donner la volée. Mais en tout elle est servie par un tact délicieux et nulle mieux qu'elle ne concilie la liberté de vue de l'artiste avec la grâce et la réserve de la femme.

La modestie est une des caractéristiques de Thérèse Schwartze: „J'ignore ce que les gens d'ici trouvent en moi; mais tous me confondent par leurs attentions et leurs bontés" écrivait-elle il y a peu de temps.

A la même époque une vieille dame française, chez qui elle était descendue quelques jours pour faire son portrait et qui passait pour avoir un caractère peu sociable et même acariâtre, traçait l'éloge suivant de la *peintresse:*

„La gracieuse mademoiselle Schwartze nous a quittés hier, le cœur bien gros, tant la chère enfant s'est trouvée heureuse près de tes vieux parents, qui, je puis te le dire, l'ont entourée de soins et d'affection, chose toute naturelle quand on la connaît. Le portrait de ton bon père est terminé; il est très ressemblant. Quant à la peinture, elle nous parait fort belle. Elle l'a emportée pour la montrer à Monsieur Henner et nous fera part de l'appréciation de ce Monsieur *si* elle est satisfaisante, ce qui ne peut manquer malgré sa sévérité. Elle est d'une modestie bien rare, je t'assure. C'est une raison de plus pour l'aimer et l'encourager. Franchement quand on connaît intimement Mademoiselle Thérèse, on n'a aucun mérite à l'entourer de soins."

Modeste et sévère lorsqu'il s'agit de son œuvre, Mlle. Schwartze l'est restée malgré ses succès. Les vrais artistes se rendent trop bien compte de leur impuissance devant l'inépuisable splendeur de la nature, pour ne pas le demeurer. Et si parfois cette modestie s'exagère et confine à une sorte de pusillanimité, à un manque de confiance en soi-même, il ne faut pas prendre cette apparente faiblesse 'au pied de la lettre; elle est la conséquence d'un surmenage, elle représente la réaction fatale qui suit, chez les tempéraments généreux, les périodes d'activité ardente; et si des hommes robustes n'échappent point à ces retours et à ces heures de dépression, à plus forte raison doivent-elles visiter une femme d'une nature aussi impressionnable et nerveuse que Thérèse Schwartze. Rien d'étonnant à ce qu'elle se montre souvent dégoûtée de l'œuvre qu'elle vient de terminer. Plus d'une fois elle a éprouvé l'envie de planter son couteau à palette à travers le tableau et il lui est même arrivé un jour, en dépit de l'admiration et des suffrages de ses amis, d'obéir à cette regrettable impulsion. On s'explique ainsi l'importance qu'elle attache au jugement des artistes qu'elle estime bien supérieurs à elle-même et la crainte qu'elle entretient au moment d'exposer une œuvre à laquelle elle attache de la signification et de l'importance. L'art est difficile pour tout le monde; mais on n'imagine pas le surcroît de difficultés que les femmes les mieux douées ont à vaincre dans cette noble mais ingrate carrière d'artiste.

* *
*

Du côté paternel la famille Schwartze est originaire de Vlotho (Westphalie)

Portrait de Mme Veuve J. Geo Schwartze, d'après un tableau.

et d'Amsterdam 1); du côté maternel, de Coblence et Trèves. Jean George Schwartze, le père de Thérèse, né le 20 Octobre 1814 à Amsterdam, n'avait que deux à trois ans quand il accompagna ses parents à Philadelphie, et c'est

---

1) Le grand-père de Thérèse, Jean Engelbert Schwartze, fils d'un notable de Vlotho, paraît avoir été impliqué dans une conspiration contre le gouvernement du roi Jérôme. Toujours est-il, qu'averti par des amis enfermés dans la forteresse de Minden, il eut le temps de prendre une nuit la fuite avec ses frères. Il se rendit en Hollande où il ne tarda pas à trouver une position. Il avait installé, ici, sur la route de Haarlem, une sorte de fabrique de produits chimiques dans le genre de celle que son père avait créée à Vlotho. Il épousa à Amsterdam, Mlle. Clara Eleonore Schildbach et se rendit aux Etats-Unis quelques années après son mariage.

à un heureux hasard que notre art doit que sa fille ne soit par devenue une citoyenne américaine. Le grand-père de Thérèse possédait, à Philadelphie, une fabrique de produits chimiques en pleine prospérité, et les études scientifiques du petit Jean Georges avaient été dirigées vers cette partie. Le peu de loisirs que lui laissaient les absorbantes besognes de la fabrique, le jeune homme les consacrait au dessin, et comme, sous la direction du portraitiste J. A. Smith, il avait montré d'étonnantes dispositions, son père lui accorda de pouvoir suivre les cours de l'académie de Dusseldorf. Il y avait passé quelques années lorsqu'il se décida à regagner les États, Unis-non sans faire un crochet par Amsterdam pour y visiter la famille de sa mère. Il emportait avec lui le portrait peint de sa fiancée — une sœur du peintre bien connu Hermann, avec lequel il s'était lié à l'académie — et cédant aux instances de sa famille, il se décida à exposer ce portrait à la société „Arti."

L'art de Schwartze était à l'antipode, surtout pour le portrait, de celui qui régnait alors chez nous, moment où partout, sauf en France, l'art tombé dans un profond marasme commençait à peine à se réveiller. Schwartze n'était pas seulement passé maître en la technique mais, avec une poésie intense et sans la moindre convention, il s'entendait admirablement à rendre la ressemblance. Voilà pourquoi ses portraits d'enfants furent tellement prisés, plus tard.

Sa toile fit sensation. En dehors de son mérite intrinsèque, de sa valeur picturale elle avait l'avantage de représenter une jeune femme de la plus éblouissante beauté. Nos poètes la célébrèrent et l'exaltèrent à l'envi.

Quiconque eut le bonheur de connaître Mme Schwartze à cette radieuse époque de la vie, n'aura jamais oublié ce ravissant visage éclairé par des yeux noirs d'un éclat extraordinaire. Et, abstraction faite de la sympathie et de la piété filiales, on comprend que Thérèse Schwartze ait pris si souvent sa mère pour modèle. Elle fit au moins une vingtaine de portraits de Mme Schwartze, tantôt sous forme de croquis, tantôt sous les espèces d'un fusain très achevé, puis encore dans un beau morceau de peinture à l'huile.

Le plus ancien dont j'aie connaissance est peut-être le plus caractéristique quant à l'art et à la personnalité de la femme-peintre. Dans un de ces moments d'énervement dont je parlais plus haut, elle faillit le trouer d'un coup d'amassette; mais heureusement elle se ravisa, le trouva moins mauvais, et se décida à l'épargner. Tel qu'il est, les meilleurs juges d'ici et de l'étranger le tiennent pour un chef-d'œuvre.

Nous donnons parmi nos illustrations un des derniers portraits de Mme J. Geo Schwartze.

* *
*

Pour faire face aux commandes, le père de Schwartze fut obligé de passer une année ici; puis une pleine année encore. Ensuite il décida de se marier et de se fixer à Amsterdam. Ce charmant homme compta bientôt parmi ses amis les meilleurs artistes, écrivains et savants de la Néerlande. Israëls, Bilders, Opzoomer et beaucoup d'autres personñalités furent les commensaux de son foyer.

Ceux qui se tenaient au courant de notre mouvement artistique à cette

Groupe d'enfants, d'après un tableau, appartenant à M. Mayer-Leiden, à Brühl.

époque, n'auront certes pas oublié les saisissants portraits d'Opzoomer du père Frentop, de Van Lennep, du Dr. Rive et de tant d'autres, et ceux-là s'étonneront sans doute avec nous que, par une inexplicable lacune, le nom de Schwartze a été omis dans les frises du musée de l'État, à Amsterdam.

Comme son père, Thérèse montra de précoces dispositions; dès l'âge de huit ans la fillette ne s'amusait à rien autant qu'à dessiner. Nombre de ses pochades d'enfant sont encore en sa possession et celles-ci se recommandent déjà par la fermeté et la crânerie du trait. Bientôt son père se chargea de lui enseigner le dessin, puis la peinture, et le principal souci de la jeune fille fut de toujours satisfaire ce maître aimé et de se montrer digne de ses leçons.

En 1874, lorsque John George Schwartze fut enlevé à l'affection des siens, Thérèse avait déjà fait beaucoup et de bonne peinture. „Elle peint aussi bien que moi!" disait encore son père quelques jours avant la suprême séparation. L'affection profonde, la vénération, le profond sentiment du devoir filial avaient toujours stimulé Thérèse, mais elle était encore bien jeune et comme de juste, son art n'était pas encore mûr et personnel. Profondément abattue par cette perte irréparable, elle comprit pourtant qu'il lui fallait agir. Munie de recommandations pour Gabriel Max, Lembach et Piloty, elle se rendit l'année suivante à Munich, où elle resta jusqu'en 1876.

Une dure et pénible année que cette année à Munich. Elle y traîna de pension en pension. Ici elle tombait sur des propriétaires qui considéraient les artistes comme des êtres pouvant vivre de l'air humide ou âpre de Munich; ailleurs elle apprenait à connaître des pensionnaires trop communistes qui déménageaient un jour à la cloche de bois en emportant tous les objets de valeur et les précieux souvenirs de leurs camarades. Et toujours travailler matin et soir; et toujours la conviction que les moyens sont bornés, qu'il faut saisir l'occasion par les cheveux et prendre, pour le reste, le temps comme il vient; ajoutez à cela le climat très désagréable de Munich, particulièrement l'hiver, et la conviction que la notion hollandaise de la propreté diffère complètement de celle qu'on se fait en Bavière du même objet.

Mais il faudrait entendre faire à Mlle Schwartze elle-même le récit humouristique et burlesque de son séjour à Munich.

*　*
*

„Je ne possède pas le moindre talent pour la composition" lui arriva-t-il de dire jadis. L'expérience a prouvé, depuis, combien elle s'estimait au-dessous de sa valeur. Elle n'entendait point alors par composition la représentation de petites scènes de la vie courante, car la peinture dite de genre ne l'a jamais tentée; elle voulait parler de l'assemblage et du groupement harmonieux d'un nombre de grandes figures.

A la vérité elle n'avait pas encore eu l'occasion de s'essayer à la composition. Les temps étaient loins où les syndics et les confréries se faisaient représenter en corps; où le moindre collège d'un peu d'importance estimait de son devoir de se faire „pourtraicturer" collectivement. Un portrait en pied, ou même à partir des genoux, était tout un événement. Dans nos salles de réunion, nos sénats et nos conseils auliques, la place était strictement mesurée à nos artistes peintres. Peu semblait importer à nos magistrats et à nos savants comment seraient décorées les parois de leurs sanctuaires. Quelle morne et funèbre galerie nous dévisageait lorsque nous nous présentions à l'examen, devant le tapis vert! Avec les grands maîtres semblait avoir disparu aussi la distinction entre

La baronne Michiels van Verduynen (Pastel).

l'art sans vie et l'art vivant, entre l'art faux et l'art vrai.

En général l'œuvre d'art ne pouvait plus être traitée que dans des proportions très réduites. L'art n'était plus une affaire d'État, plus même une affaire d'intérêt public. Il était devenu intime et sédentaire: il ne s'adressait plus qu'à quelques amateurs qui meublaient de tableaux leurs antichambres et leurs cabinets. Dans quels réduits étaient alors relégués les produits de notre grande peinture d'autrefois? Quels locaux étriqués et parcimonieux on affectait à cette époque à nos expositions de peinture?

Les grandes expositions internationales et une renaissance générale ont introduit quelque changement dans ce mesquin état de choses. Leur consécration et leur réputation à l'étranger ont encouragé nos peintres à entreprendre ce qu'ils n'auraient jamais tenté sinon. Mais combien le champ est encore borné, sauf pour ceux qui se sont fixés à l'étranger ou qui font prendre par l'étranger des œuvres pour lesquelles il n'y aurait point place ici.

„Votre pays est vraiment trop petit" nous disait un jour un Français, „vos grands hommes faits à la mesure de leur patrie seraient confondus partout ailleurs dans la foule, tandis que vos véritables grands hommes trouvent à peine chez vous un champ d'activité : ils sont hors cadre et ils vous encombrent."

J'ignore si la justesse de cette appréciation se vérifie dans d'autres domaines, mais il est de fait que mon interlocuteur avait parfaitement raison au point de vue de l'art. Il y a deux siècles, il en allait tout autrement, mais où en étions-nous il y a quelques années et où en sommes-nous, même à présent?

Le père de Thérèse n'en avait fait que trop durement l'expérience. Il peignait volontiers des compositions historiques, de préférence des scènes de la Bible, vers lesquelles le portait son caractère foncièrement religieux. Un protestant ne trouvait guère de placement pour semblable peinture et ceux qui ne partageaient point cette haine de l'art qui nous vient des puri-

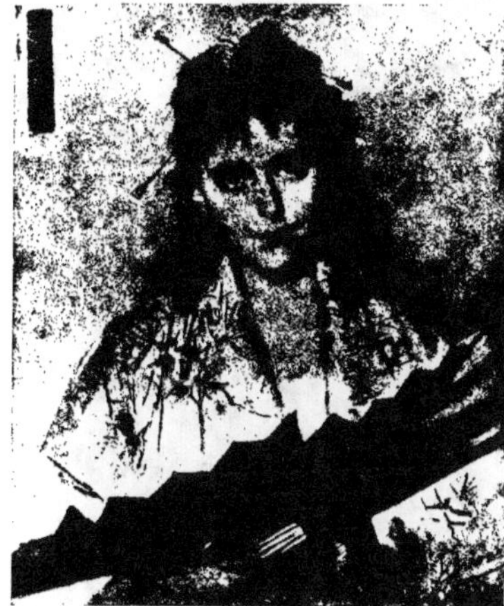
Mme Cuypers (Pastel).

tains de Cromwell, étaient tout au moins des indifférents et des profanes. Aussi une des plus importantes compositions de Schwartze était-elle destinée à l'Amérique. Malheureusement le navire qui l'emportait périt corps et biens, coulé à fond par *l'Alabama.*" On n'en entendit plus parler et des *Pilgrim Fathers* (Les Pèlerins) rien ne nous reste plus que la très belle lithographie du professeur Aug. Allebé.

Lorsque Thérèse s'en revint au pays, non seulement il n'existait aucune école de composition, mais jamais on n'aurait trouvé à placer une œuvre d'un peu d'importance; aussi n'existait-il plus un seul peintre qui se consacrât à un genre fatalement tombé en désuétude, ou bien ceux qui s'y appliquaient encore vivaient en dehors du mouvement ou avaient émigré à l'étranger.

„Si vous étiez un homme," lui avait dit Piloty, „vous feriez certainement de grandes choses. Mais la timidité inhérente au caractère de la femme vous en empêchera, à moins que vous ne parveniez à la supprimer."

La jeune fille aurait donc eu besoin d'encouragement et d'un appui de la

Groupe d'enfants, d'après un tableau.

part des autorités. Malheureusement, encourager et admirer n'est pas le fort de nos bons Hollandais. Dénigrer leur va mieux. „Vous êtes un peuple essentiellement moqueur", nous disait un jour le même Français qui

passa de longues années ici. Et même les connaisseurs les plus bienveil-
lants semblent craindre de gâter un grand talent par des encouragements et
des éloges mérités."

Aussi Mlle Schwartze se rappelle-t-elle toujours avec la plus chaleureuse
gratitude „le bon et grand Israëls" dont elle avait appris à admirer l'art
superbe dès l'enfance et qu'elle admira de plus en plus, — le maître illustre
qui à chaque occasion venait lui rendre visite, qui stimulait son goût et
lui donnait un nouveau courage, par ses appréciations sympathiques, ses
fines remarques et ses affectueux et nobles conseils. Bilders aussi, au temps
où il résidait encore ici, demeurait son fidèle ami et conseiller. Combien
de soirs ne se rendit-elle pas chez lui, pour prêter une oreille avide à ses
démonstrations toujours personnelles et originales. De même Bosboom occupe
une grande place dans les bons souvenirs que l'artiste a conservés de cette
époque critique où, rencontrant exceptionnellement l'appui de peintres de
cette autorité, elle-même ne possédait pas encore assez d'autorité pour
défendre sa conception de l'art en présence de ses contempteurs et même de
ses propres doutes.

„Les hommes sont tout de même beaucoup plus vaniteux que les femmes,"
déclare souvent Mlle Schwartze et elle doit s'y connaître, elle qui a eu pour
modèles les meilleurs et les plus distingués des hommes et aussi les plus
charmantes et les mieux douées des femmes. Et en lui entendant soutenir cette
thèse avec sa verve caustique, on doit se ranger à son avis. Naturellement,
auprès des femmes elle a déjà obtenu gain de cause avant de commencer sa
démonstration.

Voici à peu près son argument: les jolies femmes se savent jolies et elles
s'habituent à cette idée comme à un phénomène très naturel. Elles consacreront
beaucoup de soin à leur toilette, et à leur parure, elles comprendront à demi-
mot et il suffira même d'un clin d'œil pour s'adresser à leur bon goût. Mais
elles s'asseoient comme elles sont et ne viennent pas poser. Les hommes, au
contraire, ou tout au moins la généralité des hommes, sont (peut-être inconsciemment) possédés par cette idée que la postérité doit été informée de la signification qu'ils revêtaient dans notre monde contemporain. Ils ne représentent
pas seulement un homme, de telle ou telle physionomie ou de tel et tel caractère, mais en même temps une idée de plus ou moins d'importance. Cette
sorte de vanité se déclare souvent à l'improviste et avec une violence très
amusante chez des individus ordinairement très simples et très modestes dans
leur manière d'être. Si elle ne se manifeste spontanément, elle leur est inspirée
par les bons amis.

Le propre du grand art est de répugner à la convention; il rend la nature
telle que la voit l'œil de l'artiste. On peut indiquer par quelques attributs le
rôle joué par le modèle dans le monde, mais l'homme même réside dans le
caractère que le génie de l'artiste a lu par intuition et marqué dans ses traits.
Aussi l'artiste, maître de sa technique, ne peint point des figures plus ou moins

ressemblantes, mais il crée des êtres vivants, des formes qui font oublier la matière et aussi la manière dont elles sont faites.

C'était pareils portraits que Mlle Schwartze peignait déjà à cette époque

Orpheline (Fusain).

„Vous leur prêtez presque trop d'expression" lui disait Henner une couple d'années après. La vanité du monde exigeait souvent quelque chose que l'art ne peut donner et rendait par là très difficile la vie de l'artiste.

„Le voyage a été très agréable et pas fatigant, et quoique je n'aie encore rien vu de Paris il me plaît déjà énormément."

C'était encore là une boutade de Thérèse Schwartze dans une lettre qu'elle écrivait, pour rassurer les siens, de Paris où elle s'était rendue pour visiter la grande Exposition internationale de 1878. Des amis encore tout enthousiastes des choses qu'ils y avaient vues, l'avaient vivement engagée à faire le voyage. Aucune exposition ne pouvait être en effet plus instructive pour les artistes; surtout pour une artiste que la reconnaissance maintenait plus ou moins sous l'influence de l'art allemand, et qui n'avait pas trouvé dans l'art hollandais le contrepoids nécessaire pour pouvoir tirer un parti original de cette influence d'ailleurs louable.

Au retour de Mlle Schwartze sa résolution était prise. L'Exposition l'avait si profondément impressionnée qu'elle était décidée à aller étudier, aussitôt que possible, quelque temps à Paris. Un atelier convenable, une pension bien tenue, et, de temps en temps, le conseil d'un maître semblaient être choses assez faciles à se procurer par l'intermédiaire de quelques bons amis et connaissances de là-bas. Mais elle dut se passer d'abord d'un atelier et se contenter d'une pension très frugale dans une école de petits enfants. Il est vrai qu'on lui promit aussi une place dans l'atelier du peintre Henner.

Pastel (appartenant à M. G. van Tienhoven).

Mademoiselle D** est une aimable femme d'environ quarante ans. Tous ces petits enfants font une vie d'enfer dans la maison. Celle-ci a l'air rudement délabré. Mais tout cela n'est rien pourvu que je trouve promptement un bon atelier."

C'était en somme une déception pour notre artiste, mais elle ne voulait ni ne pouvait l'avouer d'emblée à ses amis. Puis le Salon venait de s'ouvrir et elle tenait à le visiter avant de se mettre au travail.

Une déception encore, ce Salon comparé à la joie artistique que lui avait procurée celui de 1876.

L'an dernier tant de choses m'attiraient et excitaient mon admiration; et à présent il y a tant de choses auxquelles je ne comprends rien; dont la couleur et la technique me déconcertent, tellement qu'avec la meilleure volonté je ne parviens à les admirer. X admirait un tas de tableaux qui ne me disaient absolument rien. On est littéralement accablé par ces excentricités. Mais peut-être jugerai-je autrement plus tard! Il m'étonne que le jury ne se montre pas plus sévère, car il y a

...Sans père

D'APRÈS UN TABLEAU

appartenant à M. Joan Schmit.

quantité de toiles médiocres ou insignifiantes et d'autres franchement mauvaises, quoique je convienne
que dans le nombre beaucoup gagnera'ent à être présentées sous un jour plus favorable."

Et, en effet, par la suite elle découvrit de bonnes choses en plus grand nombre
que les premiers jours, et le tout l'édifia sur le bon goût et la probité qui
président à l'enseignement des Beaux Arts en France...

Mais... toujours pas d'atelier; et pas de nouvelles de Henner; et une
pension par trop bizarre!

Mademoiselle D** est foncièrement bonne.
Que sa maison ne l'est-elle aussi! Mais celle-ci
est si délabrée, si incommode et si malpropre.
La salle à manger est une espèce de grange
située dans la cour et on n'y a accès qu'en
enjambant une flaque boueuse ou un tas de
feuilles de choux, etc. Pour tout ameublement
une longue table en bois blanc mal raboté,
avec des bancs du même genre. On y dîne
sans quitter son manteau ou son fichu, car la
porte est toujours ouverte et ménage une ravis-
sante vue sur la cour où pendant le dîner,
(celui de Mademoiselle et moi) les petits
pensionnaires, des diablotins mal lavés et
peignés, font un tapage épouvantable. On ne
se donne même pas la peine de couvrir la
vilaine table. Plats, assiettes, fourchettes et
le reste — le tout en étain — est déposé
sur le bois nu. Je mange tout juste de quoi
ne pas mourir de faim. Et voilà le dîner
fini! Ah! si je disposais seulement d'un bon
atelier et des conseils d'un bon artiste, tous
ces petits désagréments me tourmenteraient
moins.

Heureusement elle eut l'occasion
de parler à Henner. Il lui dit grand
bien des œuvres qu'elle avait à
l'Exposition, mais se méprenant sur
ce qu'elle désirait de lui, il lui donna
l'adresse d'un atelier d'élèves, d'un atelier de commençants:

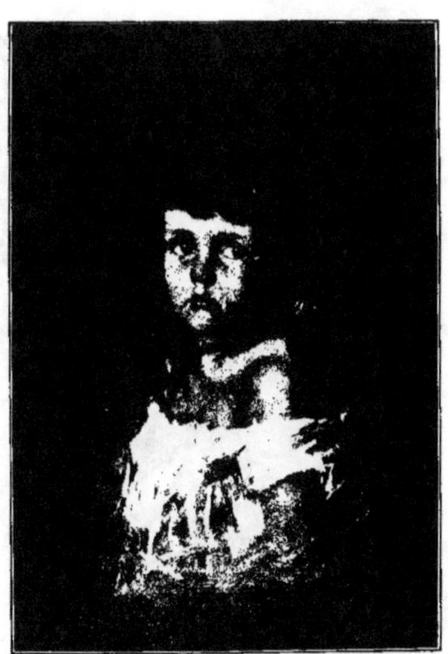

Coja (Pastel).

Le lendemain je montai pleine de courage dans l'omnibus qui devait me conduire Quai Voltaire.
Figurez-vous un atelier pas beaucoup plus grand que le mien où une trentaine au moins de filles
de tout âge, jeunes et vieilles, entassées tellement les unes sur les autres qu'elles pouvaient à peine
se bouger, étaient en train de travailler d'après le modèle. Il ne fallait pas songer à m'insinuer
dans ce pressoir. Aussi restai-je près de l'entrée, de crainte de renverser un chevalet en me remuant.
En dépit de cet encombrement elles auraient encore tenu à m'enrôler dans leur compagnie, moyennant une cotisation de 70 francs par mois. A Munich je ne donnais que 20 florins pour un grand
et bel atelier, mis exclusivement à ma disposition. Elles travaillent toutes ainsi une semaine
entière d'après une même pose; à tour de rôle elles donnent la pose. Dans une trentaine
de semaines j'aurais donc eu mon tour. Il régnait une atmosphère abominable dans cette pièce

et je ne parle point du moral. Toutefois elles auraient bien voulu me garder. Aucune n'était à la hauteur.

Découragée je me rendis au Louvre pour y réfléchir. Là je résolus de prendre mon courage à deux mains et de dire rondement ma pensée à Henner. Je pris un fiacre, me fis conduire à la maison, emballai tant bien que mal le portrait de maman et le reste — sauf W. qui était trop grand —; me munis encore de quelques dessins et me rendis chez Henner, le coeur lourd d'angoisse, ne sachant comment lui dire tout cela en français. J'avais peur de lui paraître exigeante et présomptueuse.

Henner ne la trouva point du tout présomptueuse; il se montra d'une extrême amabilité, examina soigneusement et longuement tout ce qu'elle avait apporté,

L'orpheline qui chante, d'après un tableau.

lui signala quelques fautes de dessin, et la rendit presque folle de surprise, lorsqu'après avoir considéré près d'une demi-heure le portrait de sa mère, il lui demanda comment elle avait pu obtenir ce fond d'une si délicieuse transparence, question à laquelle elle aurait voulu répondre avec empressement, mais qui prit en défaut sa connaissance de la langue française. „C'est tout à fait charmant; c'est vraiment gentil, il faut le vendre tout de suite," déclara Henner d'une autre toile. Malheureusement c'était un portrait d'enfant, dont elle ne pouvait plus disposer. „Il faudra trouver un atelier le plus tôt possible, lui dit encore le maître français, et, entre temps, étudier à fond Holbein, le Vinci, Raphaël et Velasquez. „Il promit d'aller la voir, d'ailleurs, pour elle, il serait toujours à la maison.

Thérèse Schwartze, qui ne connaissait Henner qu'à peine, ne pouvait encore se rendre compte de la valeur de ses éloges. Elle écrivait naïvement quinze jours après cette entrevue:

Hier je fus accostée au Louvre par une jeune dame qui y fait aussi des copies. Elle me demanda si j'étais mademoiselle Schwartze. Elle travaille à l'atelier de dames de Henner et d'après la description que le maître avait faite de moi, elle m'avait reconnu et elle désirait faire ma connaissance. Il devait lui avoir conté ma visite par le menu, car elle savait tout ce que je lui avais montré et tout ce que je lui avais dit, etc., etc. Vrai, j'ignorais que les hommes fussent de pareils bavards.

Mais, dans l'espèce, il ne s'agissait pas de paroles en l'air. Henner dont elle attendait anxieusement le jugement des semaines encore après sa visite, l'admirait déjà sincèrement. Il parlait à tout le monde de la jeune Hollandaise; à ses élèves, à ses confrères, aux amis français de la jeune fille. Lalanne et Henry Havard qui parcouraient alors notre pays en quête d'illustrations pour la *Hollande à vol d'oiseau*, avaient entendu parler d'elle par leurs amis de Paris, et se firent l'écho de sa jeune renommée dans les cercles de sa patrie; Gréville et Jean Aiard lui consacrèrent des articles: bien avant qu'elle l'eût appris elle-même, on savait ici que Henner n'avait rien trouvé à lui reprocher qu'un dessin parfois un peu lâché, qu'un coloris rappelant encore par trop celui de l'École allemande, et qu'un goût et un jugement encore un peu frustes, que la vue des belles œuvres modernes ne manquerait pas de cultiver.

Dessin au fusain (collection G. van Tienhoven).

Enfin elle découvrit une sorte d'atelier, et elle fit aussi la connaissance de Bonnat qui avait été malade ou en voyage lors de ses précédentes visites. Bien plus tard, lorsqu'il fut son collègue dans le jury de placement, en 1883, Bonnat lui apprit qu'une sorte de malentendu s'était produit lorsqu'on la lui avait présentée tout comme lors de sa présentation à Henner. Elle-même s'en explique en ces termes:

Je me suis rendue à l'atelier de Bonnat. Il était très hautain et moi rien moins qu'à mon aise. Il témoigna le désir de voir ce que j'avais fait, mais cloué sur un canapé par les rhumatismes, il ne pouvait se rendre chez moi. Je mis donc de nouveau mes tableaux dans une voiture et retournai, très chargée, chez lui. Il les considéra fort longtemps avant de dire la moindre chose. J'étais sur des charbons ardents. Soudain il me tendit la main et dit:

„Mais, Madame, vous êtes née peintre. Le coloris est superbe, Madame, et si le dessin était tout à fait bon, ce serait excellent."

Il me répugne de rapporter quelque chose à ma propre louange et vous savez ce que *je* pense de mon œuvre. Je ne vous écrirais donc pas cela si je ne savais que cela vous ferait plaisir. Mais j'étais terriblement heureuse de ces éloges! Je devins toute rouge et confuse, je crois, car il se mit à rire, et il répéta une couple de fois: „Mais, Madame, vous êtes née peintre." Il me conseilla de m'appliquer sérieusement au dessin et s'il me répugnait de me livrer à des copies je n'avais qu'à travailler toujours d'après nature. J'ai aussitôt suivi son conseil. S'il n'a dit que la moitié de la vérité, je me sens déjà toute fière et pleine d'un nouveau courage.

Elle avait découvert en ce moment un plastique modèle italien et plus tard, chez un peintre espagnol, la superbe femme d'après laquelle elle peignit ce *Dernier Regard* qu'elle exposa la même année à „Arti". Et elle travailla avec une ardeur et un zèle nouveaux jusqu'à ce que les chaleurs d'août chassèrent de Paris la légion des artistes. Elle-même dut songer à retourner au pays.

Malgré les obstacles et les contrariétés de son séjour à Paris, Thérèse Schwartze avait récolté plus de fruit de ce séjour qu'elle ne s'en doutait elle même. Des études continuelles au Louvre, au Luxembourg, au Salon et dans les ateliers, lui avaient mûri le goût et le jugement, et avaient fortifié son courage et sa foi en elle-même. L'automne de la même année elle peignit entre autres ce portrait de Frederik Muller qui excita beaucoup d'admiration et qui, à raison de la notoriété et de la situation très en évidence du personnage, permettrait de faire quelques observations sur l'originalité de l'art de Thérèse Schwartze, mais il n'entre pas dans le cadre de cette étude de m'étendre sur la technique de Thérèse Schwartze. Qu'il me suffise de dire que j'ai toujours entendu admirer par ses confrères le talent avec lequel elle s'entendait à faire oublier le côté matériel, la partie „métier" de sa peinture.

Avant que Frederic Muller fût venu poser, l'artiste ne l'avait jamais vu et elle ne savait que vaguement quelle était sa profession. Et cependant combien tout le personnage s'exprime et se livre dans ce portrait! C'est bien ce savant, ce bibliophile, cette autorité de la librairie. Il sait, il connaît à fond tout ce qui concerne les livres. Ses yeux brillants lisent jusqu'au fond de votre âme et il a vite discerné si vous êtes possédé d'un véritable zèle pour la science bibliophilique ou si vous n'éprouvez pour les livres qu'un engouement d'amateur.

„Comment, diable, avez-vous fait pour l'attraper si vite? L'expression est d'une justesse saisissante. Muller s'y retrouve tout entier."

Voilà ce qu'une très bonne connaissance du modèle disait à Mlle Schwartze après deux séances seulement, alors que celle-ci, fort embarrassée, tenait à avoir l'avis des amis de Frédéric Muller.

* *
*

L'été de 1880, Mlle Schwartze se rendit de nouveau à Paris, cette fois uniquement pour y voir le Salon. Elle écrivit ses premières impressions et ses rencontres à une amie, et *l'Algemeen Handelsblad*, après avoir obtenu l'autorisation de publier cette lettre, lui en demanda plusieurs autres encore. L'artiste avait consenti à son corps défendant à se voir imprimée toute vive; mais elle

désira garder le plus strict anonyme. Elle trouvait déjà bien assez hardi
de dire son avis à une amie „sur des artistes dont le talent dépassait de si
haut le sien," et, en envoyant sa troisième lettre, elle s'excusa même de n'avoir
pu faire mieux.

Fiancée dans la Vieille-Bavière, d'après un tableau.

Ces lettres représentaient cependant ce qu'on a écrit de plus sérieux et de
plus spirituel depuis longtemps chez nous, sur les arts. Mlle Schwartze se garda
bien de donner dans le travers et le ridicule qui font que les moindres gâte-
métier se permettent de pontifier et de rendre des jugements, comme s'ils
étaient le dieu des arts en personne; et elle s'abstint aussi de vouloir donner
un avis *ex cathedra* sur cette importante manifestation de l'art français. Non,

elle raconta simplement, clairement et en termes trouvés, ses impressions devant les
tableaux qui l'avaient le plus frappée. La même année Mlle Schwartze fut invitée
à aller passer quelques semaines au château de Soestdijk, pour aider de ses con-

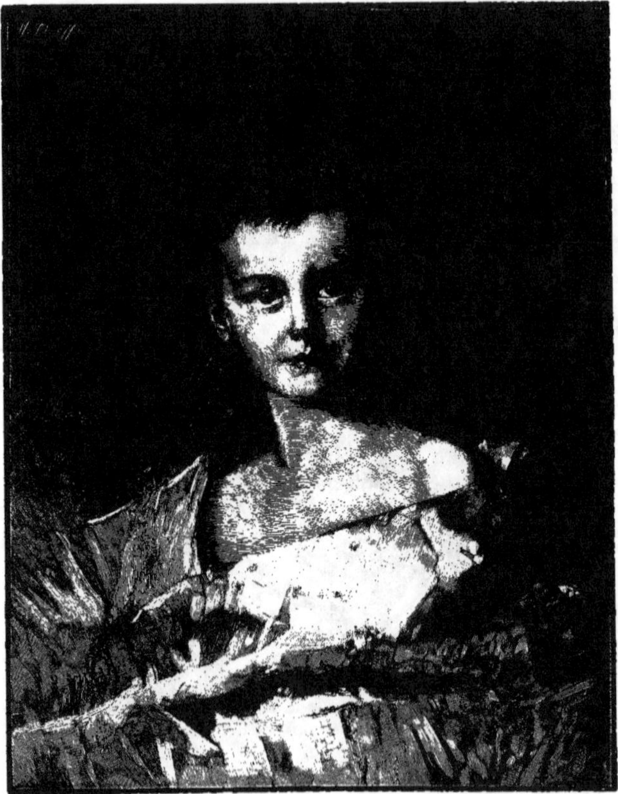

S. M. la Reine Wilhelmine des Pays-Bas, d'après un pastel.

seils S. A. R. la princesse Henri des Pays-Bas, qui s'exerçait à la peinture. Souvent
cet honneur l'embarrassait beaucoup, car elle craignait de se laisser emporter par
sa nature ardente et son zèle, et d'oublier à quelle auguste élève elle avait affaire.

La présentation et la première leçon sont passées et passée aussi ma première anxiété. Une amusante petite demoiselle d'honneur me conduisit auprès de la princesse; je n'avais pas même eu le temps de réparer un peu le désordre de ma coiffure. Je me suis oubliée quantité de fois, mais la princesse est vraiment charmante et très affable. Elle était si pressée de se mettre à la peinture, qu'il me fallut convertir séance tenante une des chambres en atelier. Mais où était le Nord? Personne ne le savait et moi encore moins que les autres. J'explorai le palais de haut en bas et dans tous les sens, accompagnée d'un laquais, et je finis par découvrir une chambre très convenable située au Nord et à côté de la mienne, d'où nous étions venus.

Tout se passa le mieux du monde et nous regrettons de ne pouvoir suivre la narratrice dans ses appréciations du caractère et de l'esprit de cette aimable princesse enlevée trop prématurément. Plus tard elle vint passer quelques semaines à Amsterdam, pour y travailler chez Mlle Schwartze, et craignant toujours de lui prendre trop de son temps si précieux.

* * *

En 1883 Thérèse Schwartze fut nommée membre du jury de l'Exposition internationale d'Amsterdam. Ce fut là que les peintres de la Haye apprirent à bien la connaître, et ceux qui n'étaient pas encore ses amis ne tardèrent pas à le devenir. Crâne et pourtant très femme, elle donnait son avis sans aucune réserve et s'entendait parfaitement à le défendre.

Jusqu' en 1884, elle avait à peine trouvé le temps de visiter les Salons annuels de Paris. Cette année elle eut l'occasion d'y passer quelques mois et d'y travailler dans un atelier. Elle y fit entre autres le portrait du paysagiste Harpignies, portrait réussi qui, au Salon de cette année, lui valut sa première distinction en France, une mention honorable décernée à la grande majorité des voix.

Leur insouciance aurait pu leur valoir à elle et à son amie bien autre chose qu'une distinction et qu'un honneur. Certain jour cette amie travaillait d'après un modèle, beau garçon à la figure intéressante. Mlle Schwartze se trouvant par hasard sans modèle, s'apprêtait à faire une étude de main d'après cet individu, lorsqu'elle s'aperçut qu'il lui manquait un pouce, circonstance qu'il lui avait soigneusement cachée. Il raconta qu'il avait un jour été renversé par un omnibus et qu'il avait perdu le pouce dans cette mésaventure. Mlle Schwartze ne demanda pas d'autre explication et ne songea plus à ce détail. Le jour suivant le modèle ne revint plus. Se trouvant en visite chez Debat Ponsan, les jeunes filles apprirent que Paris ne s'occupait que de l'arrestation de l'assassin de Mme ***. On l'avait reconnu à sa main: en se défendant la victime lui avait enlevé le pouce d'un coup de dents. C'était là le joli modèle que nos jeunes filles avaient reçu quelques jours dans leur atelier solitaire.

„J'avais un revolver" racontait Thérèse Schwartze „seulement je me demande si j'aurais osé tirer sur ce monstre!"

A la place du modèle, je ne me serais pas fié tant que ça au trouble et à a répugnance de la nerveuse artiste. Le revolver en question lui avait été donné, comme un cadeau pouvant servir à l'occasion — dame, à Paris, plus qu'ailleurs, on peut dire que tout arrive, à preuve cette anecdote du modèle-assassin — par un de ses amis, et il l'avait même un peu initiée au tir. Le „monstre" aurait donc trouvé à qui parler. Thérèse Schwartze ne se sert jamais d'appuie-main en travaillant, ce qui est encore une preuve de force et de fermeté. Ceux qui lui ont déjà vue tendre une toile sur un chassis et l'ont vue travailler du marteau ou des tenailles, savent quelle force musculaire ces mains fines et délicates en apparence sont capables de déployer. L'homme au pouce mordu aurait donc pu apprendre à ses dépens que les revolvers partent parfois à point.

* *
*

Depuis 1885, Mlle Schwartze fait aussi des portraits au pastel. Les siens peuvent rivaliser avec les meilleurs que fournit la France. Le tout représente une telle harmonie de lignes et de couleurs qu'on ne peut isoler les unes des autres. Et la même vie, la même âme que dans ses portraits peints. Quel dommage que ce procédé soit si fragile et si périssable, car sinon on ne s'imagine rien de délicieux comme ses portraits d'enfants!

Une couple d'années avant la mort de S. M. le Roi, Mlle Schwartze, fit au pastel le portrait de la petite princesse, aujourd'hui reine des Pays-Bas. Ce portrait fut une des grandes attractions de l'Exposition-Thérèse Schwartze, ouverte en 1890, dans le Palais du Panorama, mis gracieusement à la disposition de l'artiste. Nous donnons ci-contre une reproduction de ce délicieux pastel.

Les visiteurs de l'atelier de Thérèse Schwartze, à l'époque où elle fut invitée par le gouvernement italien à peindre son portrait pour le Palazzo degli Uffizi de Florence — dont, comme on sait, une galerie contient tous les portraits de peintres célèbres peints par eux-mêmes — étaient assez intrigués par la profusion de fusains et pastels cloués aux parois ou jetés pêle-mêle, et représentant des dames en costumes divers, mais presque toutes en grande toilette.

Soudain, comme par enchantement, tout cet encombrement d'études disparut, et on se trouva en présence d'une toile sur laquelle était ébauché le portrait de l'artiste en costume ordinaire de travail: elle tenait la palette et les pinceaux dans une main, l'autre main élevée au-dessus des yeux, comme pour les soustraire à l'influence d'une lumière trop vive, et pour mieux discerner le modèle. Ce mouvement de coquetterie qui mettait en valeur la forme d'un joli bras et reléguait dans l'ombre le pince-nez et les „yeux en saillie," prêtait à l'ensemble du portrait un attrait imprévu.

„C'est une vraie trouvaille!" proclamèrent les peintres français, quand ce portrait fut exposé au Salon de 1888: et il s'en fallut de deux voix que cette belle œuvre n'obtînt la médaille d'or. L'an d'après, ce portrait lui valut une médaille à la grande Exposition Internationale, en même temps que la grande médaille d'or, la distinction extraordinaire offerte aux peintres étrangers, était décernée au superbe tableau de Mlle Schwartze, intitulé les *Orphelines* (Baum 146) et qui décrocha la même année une des six grandes médailles de l'exposition d'Amsterdam 1).

A de fréquentes reprises son talent a été honoré de cette façon. Mais jamais elle ne s'en sera réjouie comme en cette heureuse année 1889 : tant à Amsterdam où, parmi les membres d'un jury prodigue de démonstrations admiratives, elle comptait son vieil ami Israëls, à l'opinion de qui elle avait toujours attaché un si grand prix, qu'à Paris où elle fut profondément touchée par la solennité et la cordialité de cette consécration.

Il n'y pas a pas à dire, en France on fait bien mieux les choses que chez nous, en Hollande. Les médailles ou autres insignes honorifiques, vous sont expédiés ici et rendus à domicile comme des colis-postaux ordinaires, alors qu'en France cette médaille vous est remise solennellement devant le jury rassemblé en séance plénière ouverte par un discours du ministre. Les amis que Thérèse Schwartze compte en France avaient insisté pour qu'elle vînt retirer elle-même sa médaille, et, comme elle avait l'intention de visiter

M. G. van Tienhoven, commissaire de la Reine pour la province de Noord-Holland.

1) Depuis que ces lignes furent écrites, Mlle Schwartze a obtenu à Gand, en 1892, la plus haute distinction, diplôme d'honneur, pour le groupe d'enfants, reproduit page 189; et à Anvers, la grande médaille pour les *Néophytes Luthériens*, dont nous donnons aussi une reproduction, et qui a été acquis pour le musée Suasso. L'été de 1896, Mlle Schwartze obtint un honneur très rarement conféré à une femme: S. M. la Reine Régente la nomma chevalier de l'ordre d'Orange-Nassau. La même année, à l'exposition internatinale de Barcelonne, l'artiste obtint la médaille d'or de 1e classe.

l'Exposition internationale, elle se rendit à leur désir. Mais elle avait toujours entendu dire que cette distribution des récompenses était une cérémonie glaciale et elle ne s'en promettait rien de bien réconfortant. Cependant la nouvelle s'était répandue dans les ateliers que la grande artiste se trouvait à Paris et une foule de peintres, parmi lesquels nombre de „jeunes" des deux sexes, étaient accourus pour voir la lauréate hollandaise. Une ovation formidable et réitérée lui fut faite lorsque, après l'appel de son nom par le président, elle monta les degrés de la tribune. Jules Breton qui avait sollicité du président la faveur de pouvoir remettre la médaille à notre compatriote, lui serra les deux mains avec effusion et put à peine trouver des paroles pour la féliciter. Tous les membres du jury, les plus illustres peintres de la France, étaient debout, et lui pressèrent les mains tour à tour.

*
* *

Un jour je me trouvais, je ne sais plus lors de quel examen solennel, dans le salle du Sénat d'Amsterdam. L'atmosphère un peu lourde et le bercement des voix monotones m'avaient plongé dans un état de somnolence et de rêverie durant lequel je contemplai les portraits accrochés aux parois. J'avais parfaitement connu l'original d'un de ces portraits et j'avais même profondément déploré sa mort. Et je le revoyais là devant moi, avec la cordialité et l'humour qu'il montrait en me parlant! Ciel! combien ce mort était vivant comparé aux autres. C'était le portrait de Kappeyne peint par Thérèse Schwartze.

„Si nos savants savaient combien il leur serait facile de s'assurer l'immortalité!" me disais-je. Mais je devais garder cette réflexion pour moi, car savants et docteurs étaient plongés dans de tout autres questions. Ils ne se doutaient même pas du superbe groupe qu'ils formaient en ce moment, avec leurs toges, leurs têtes fines et intelligentes, éclairés par une lumière commandée, aurait-on dit, par un artiste chargé de les peindre.

Oh! oui, le merveilleux tableau de portraits qu'on eût tiré de cette assemblée! Mais où sont les temps où collèges et confréries se faisaient peindre collectivement! Rembrandt et Hals n'auraient jamais eu l'occasion aujourd'hui de léguer à la postérité quelques groupes de nos magistrats et savants!

Mais, qui sait, ces temps reviendront peut-être?...

Dans une remarquable poésie néerlandaise dédiée à Thérèse Schwartze, le génie même de l'Art s'adresse en ces termes à son élue : „Ne t'ai-je pas dotée des plus précieux de mes dons? Un amour ardent pour ce qui est beau, bien et vrai — des yeux qui voient juste, une main sûre, créant à nouveau, à l'aide de couleurs fluides et magnétiques, ce qu'il y a de plus beau mais aussi de plus subtil à rendre dans la création: l'image de la divinité, l'homme même, que tu ressuscites sur la toile et qui survit, grâce à toi, bien longtemps après que la mort l'a fauché? Un jour viendra où l'on dira : nous ne savons plus qui ce tableau représente ; son nom est oublié depuis longtemps, mais c'est la

Portrait de M. A. G. van Duyl (Pastel).

petite Schwartze qui le peignit, l'artiste qui n'était jamais contente d'elle-même et qu'on range aujourd'hui parmi les plus grands! Et tu vivras éternellement parce que, de bonne heure, tu appris à m'adorer et suivis toujours mes inspirations, sacrifiant des profits illusoires à une probe conscience, exprimant de toutes tes forces le Beau et le Vrai comme tu les voyais et les sentais!"

H. Leonardo.

J. H. L. DE HAAS.

PAR

A. G. C. VAN DUYL.

Dans les dunes, appartenant à S. A. R. le Prince Régent de Bavière.

J. H. L. DE HAAS.

Raconter comment un artiste est devenu artiste et à la suite de quelle
suggestion il est précisément entré dans la carrière où il devait briller,
serait, certes, bien intéressant. Mais la plupart, et les meilleurs d'entre eux,
l'ignorent eux-mêmes. Ou du moins ils ne sauraient exprimer ce qu'ils éprouvèrent au début, lorsque leur vocation parla, avec les mots subtils qui conviennent.
Pour l'exprimer à leur place il aurait fallu vivre avec eux, dès l'enfance, sur
un pied d'intimité absolue. Ils peignent et dessinent comme chante l'oiseau, parce

qu'ils en ont le goût et le désir, sans philosopher beaucoup à propos de ce qu'ils font. L'art est affaire de sentiment. Ceux qui prétendent en faire une affaire de raison, ceux qui ne font aucun pas sans en discuter le pourquoi, finissent par accoucher de ces monstruosités par lesquelles tant de peintres philosophes prétendent répondre au vœu de leurs contemporains.

De Haas est né à Hedel, dans la Gueldre, au milieu des opulentes prairies de la Meuse. Le rapport entre cette circonstance et son art serait tout indiqué. On invoquerait son éducation agreste, les impressions vivaces qu'il recevait de la nature environnante, etc., etc. Mais il n'en est rien. Jamais, aux premiers

Premières heures du jour en Campine.

temps de la jeunesse, le peintre ne vécut dans un village. Il naquit à la campagne, par hasard, parce que ses parents se trouvaient en villégiature. Mais sa vocation se déclara dans un pensionnat d'Amsterdam, où il faisait de l'art graphique son passe-temps de prédilection. Et c'est à l'académie d'Amsterdam qu'il reçut les premières leçons de dessin.

Il semblait donc plutôt prédestiné à devenir un peintre de villes et de figures qu'un animalier. Toutefois il fut poussé, par sympathie, vers l'atelier du peintre animalier P. van Os à Haarlem, où il demeura quatre ans.

Lorsqu'on étudie dans nos musées ou ailleurs ce qu'on produisait et admirait dans ce genre, et qu'on le compare à l'œuvre de De Haas, on présume d'emblée qu'il doit beaucoup plus à une constante et fervente étude d'après nature, qu'à l'école même.

Son école la plus profitable, en effet, fut les bords du Rhin, à Oosterbeek et
dans les environs, où il travailla assidûment depuis sa vingt-deuxième jusqu'à
sa vingt-septième année, presque toujours en compagnie de Gabriel et de
Kruseman van Elten.

Ce fut là aussi qu'il remporta son premier grand succès. De Haas avait deux
toiles à la grande exposition universelle de Paris en 1855, au sujet desquelles
Gustave Planche s'exprimait ainsi dans son salon de la „Revue des deux mondes:"

„M. Jean Hubert Léonard De Haas, d'Oosterbeek, a trouvé sur les bords du
Rhin le sujet d'un charmant paysage. On pourrait certainement souhaiter plus de
solidité dans les terrains sans se montrer trop sévère, mais à tout prendre c'est

Abreuvoir en Campine.

une toile pleine de fraîcheur et de grâce. Je trouve dans cette composition le
sentiment vrai de la nature et une dextérité qui révèle des études courageuses."

Etre cité, et de cette façon, par un critique si probe et si sévère, dans un
périodique qui faisait à cette époque autorité dans tous les domaines, représentait
bien la plus grande faveur qui pût échoir à un artiste. Et l'importance
de cette faveur ressort encore plus vivement à la lecture de tout l'article, où
le juge autorisé tient la dragée très haute aux écoles étrangères.

A cette époque De Haas était encore un tout jeune homme. Il a travaillé
et toujours travaillé, et il a beaucoup gagné depuis lors en puissance et en
souplesse. Et quant à ce qui avait le plus frappé Gustave Planche dans son
envoi: „le sentiment vrai de la nature," il ne l'a jamais perdu; bien au contraire, il l'a encore affiné.

Nous causions il y a quelque temps, à Bruxelles, dans son atelier. Mes yeux s'arrêtaient sur les parois et admiraient tantôt l'une tantôt l'autre des trois cents études, et au delà, qui les décorent. C'est bon... ça repose. C'était la nature même telle que je la connais, telle que je la vis toujours, telle que j'espère continuer à la voir.

A cette époque deux expositions venaient de s'ouvrir à Bruxelles. L'une, l'ordinaire, la régulière au Cercle; l'autre libre, organisée par un club anversois. Me trouvant sur la place, je me décidai à visiter l'une et l'autre et j'avouerai

Jeune Taureau.

même que ma visite à la seconde me rendit un peu perplexe :

— Si, moi aussi, j'allais me mettre à admirer ces choses! me disais-je Tant d'autres prétendent les admirer. Il y en a même qui écrivent à leur propos avec tant d'enthousiasme qu'on doit les croire tout à fait convaincus et sincères.

Si j'allais en arriver là! On développe, on affine, bref on modifie son goût, à force de voir beaucoup et souvent de bonne peinture. Pourquoi mon goût ne se transformerait-il pas à force de contempler ces produits hybrides? En raisonnant ainsi, on se met insensiblement dans les dispositions de celui qui, empoigné par le saisissant récit d'un crime, en arrive presque à se persuader qu'il en est l'auteur.

L'art franchement mauvais et inexistant ne fera jamais dévier personne en supposant qu'on soit dans la bonne voie. Mais il existe certain art qui sans être tout à fait mauvais n'est pas tout à fait bon non plus. Et c'est là justement l'art dangereux. Imaginez-vous, par exemple, une salle entièrement tendue d'un blanc crayeux et d'un violet criard, à telle enseigne qu'à l'entrée le premier mouvement serait de se retirer au plus vite comme quelqu'un qui s'est trompé de porte et qui est tombé, comme un intrus, dans une société qu'il ne connaît pas. Supposez qu'on soit demeuré tout de même. En regardant cette peinture de plus près, l'œil s'y habituant un peu, on y découvre beaucoup de qualités : un dessin ferme et solide, beaucoup d'atmosphère, des figures naturelles et bien campées, le tout trahissant beaucoup d'étude et d'observation. Par contre tout est peint durement et sans lombre d'émotion. Les visages sont en cuir bouilli. Toutes les couleurs crient vengeance à la vérité. Les sujets manquent complètement de poésie. Ailleurs, ce sont des paysages absurdes. Mais ici encore on constate une telle habileté, une telle apparence de sentiment, qu'on en est un instant à se demander si ce n'est pas le peintre qui a raison contre vous, spectateur ; mais on se rebiffe décidément contre ces verts et ces gris qu'on a peut-être vu dans ses cauchemars, mais jamais dans la nature.

Étude de bétail.

C'est pourtant ce que les admirateurs de cette peinture appellent des couleurs entrèmement distinguées. Distinguées, je le veux bien, mais distinguées de la réalité.

En somme le tout trahit beaucoup d'impuissance et encore plus de parti-pris. Cela manque à la fois d'un sentiment réel pour la nature ; de la persévérance nécessaire pour arriver au métier indispensable pour rendre honorablement ce que l'on voit et ce que l'on sent. Le tout respire la prétention de faire *rare*, autrement que les autres, autrement surtout que la nature telle qu'elle se manifeste au commun des mortels.

Il doit y avoir un fond de vérité dans ce conte de la méchante fée, qui avait le pouvoir de détruire par un don néfaste toute la vertu des dons heureux prodigués par les fées bienfaisantes à leur protégé.

Cela n'empêche qu'en assistant à des manifestations réitérées de cet art
incohérent, et dans les milieux mêmes où l'on s'y attendrait le moins, dans un
cercle dirigé par des gens raisonnables et cultivés, on entretient quelque crainte
de tomber également un jour dans cette erreur et de partager ce déplorable
engouement. Et l'on éprouve un véritable soulagement en constatant qu'on a
conservé intact le culte de la saine et sérieuse peinture, le sentiment vrai de
la nature.

Les études de M. De Haas sont toutes consacrées à des paysages avec animaux. Presque exclusivement hollandaises ces études, car quoiqu'il habite
Bruxelles depuis 1857, il passait chaque année quelques mois en Hollande,

Etude d'ânes.

tantôt à Wijhe, dans l'Overijsel, tantôt à Leidschendam et dans d'autres villages Néerlandais. Parfois il se rendait aussi dans la Flandre Occidentale, en
Picardie ou en Campine. Sur les plages de la Flandre et du nord de la France
il fit ses études de dunes et d'ânes, ou bien il étudia la race particulière du
bétail français. De la Hollande proviennent ses bords de rivières, ses canaux,
ses grasses prairies, ses bruyères sauvages. Il ressort de ses études de paysages
que De Haas s'entend très bien à ce que Gustave Planche appelait „tricher
avec la nature." Il sait que l'on n'atteint pas au but en s'ingéniant à rendre
les moindres détails, comme tant de peintres pourtant bien doués d'autrefois.
Il ne voit et n'interprète que le caractère essentiel et dominant. Les études
de bétail sont un peu plus poussées, mais il veille toujours à ce que la vérité
de la couleur ne nuise pas à la correction du dessin. Voilà pourquoi, dans ses

tableaux, le bétail est toujours si solidement bâti et campé. Il se tient crânement sur ses jambes ou se vautre et s'étend en des postures pleines d'abandon et de naturel. Il y a de la chair sous cette peau. C'est la vie animale prise sur le vif.

Faire poser une vache n'est pas si simple et si facile qu'on le croirait. Cela demande même beaucoup de patience et de réflexion. On rapporte qu'un animalier français avait quelque part en Bretagne sa propre ferme et ses propres modèles à quatre pattes, dressés à prendre la pose voulue.

Mais cette façon de faire présente de sérieux inconvénients. Même une vache ne doit pas avoir l'air trop placide et trop apprivoisé; chaque animal a sa physionomie et son caractère individuels. Aussi De Haas n'a-t-il jamais travaillé comme le Français en question. Il plantait son chevalet là où il en avait l'envie, et les études reproduites dans ce texte démontrent à l'évidence qu'il finissait par obtenir tout ce qu'il voulait de ces modèles parfois récalcitrants.

Étude de bétail.

De Haas a dans son atelier une des premières études de Mesdag: une rue sous la neige; tout juste ce que le peintre devait en apercevoir de sa fenêtre. Cette étude prouve l'effort et la conscience que Mesdag mettait dès le début pour rendre aussi parfaitement que possible ce qu'il voyait dans la nature. La conception et l'exécution révélaient d'emblée son robuste sentiment d'artiste.

Les dernières années, De Haas n'a pas beaucoup exposé ici. La plupart de ses tableaux sont allés en Angleterre et en Amérique. Et comme presque tous ont été achetés par des particuliers, on ignore ce que le plus grand nombre sont devenus.

Trois de ses toiles sont à Amsterdam au musée de l'Etat: *Une Vache* léguée par M. J. Jacobs: *L'approche de l'Orage* (dans la galerie de la société d'encouragement des Arts Plastiques), et une grande toile intitulée *Une aube à Drenthe* (autrefois au Pavillon à Haarlem).

Au musée communal de La Haye on admire un *Paysage à Drenthe*. Au musée de Bruxelles figurent un tableau représentant *Les bords de l'Ysel* et l'aquarelle célèbre mettant en scène un *trio de baudets*.

La Pinacothèque royale de Munich possède un *Pâturage Hollandais* et le musée de Berlin *Un paysage marécageux*. On rencontre aussi des œuvres de

Etude de bétail.

notre peintre dans les collections publiques de Liège et de San Francisco. A Rotterdam, au musée Boymans, un des plus jolis paysages de Roelofs a été *peuplé* de vaches par De Haas. Une preuve éclatante du prix qu'on attache à l'étranger, à l'art et à la technique du célèbre animalier, c'est que les académies de Madrid, de Berlin et de Stuttgart lui ont commandé des séries d'études qui serviront de modèles aux élèves.

De Haas est non seulement connu comme peintre, mais il a aussi la réputation d'un collectionneur émérite. On est suffisamment édifié sur ses goûts en visitant son hôtel de la Place du Luxembourg, au coin de la gare de chemin de fer de ce nom. Dès le vestibule les regards s'arrêtent sur des frises garnies de potiches de vieux Delft et d'autres bibelots antiques. La prédilection de De Haas va surtout aux plats en cuivre repoussé, appelés „dinanderie," et il s'en est procuré les plus beaux exemplaires. Dinant était autrefois, comme on

sait, le foyer de cet art tant déchu du batteur en cuivre; on comptait par
centaines les artistes qui y travaillaient le cuivre ou le bronze. Il ne reste
plus trace aujourd'hui de cette industrie artistique dans la jolie cité mosane, à
moins qu'on ne veuille en voir un vestige dans les couques dites de Dinant,
cette pâtisserie indigeste dont les formes et les figures dont elle est illustrée
semblent en effet avoir été obtenues par les moules qui servaient autrefois à
confectionner des œuvres plus artistiques et moins périssables. Il paraît qu'on
est en train de vouloir ressusciter l'art de la „dinanderie" à Bruxelles; mais
il est inutile de dire qu'un connaisseur comme M. De Haas ne confondra
jamais cette néo et simili dinanderie avec les pièces anciennes et authentiques.

Aux bords de l'IJssel, de la collection de M. Braun, à Schaffhouse.

L'artiste possède un grand nombre de ces curiosités et on a une idée de la
façon dont elles décorent un appartement par les dessins que M. M. David
et Pierre Oijens ont faits de quelques „coins d'intérieurs" de leur ami, dessins
que nous reproduisons dans ce texte.

Ce qu'on appelle à La Haye chambre latérale et chambre intérieure (zij- en
binnenkamer) porte à Bruxelles les noms de salon et de salle à manger.
Chez De Haas, cette dernière, une pièce opulente et recueillie, prend vue, à
travers le vitrage d'une serre, sur un vaste jardin. Les parois en sont décorées
d'une dizaine de panneaux du peintre B. Van Moer, représentant des vues
de Venise: le palais des Doges, la cathédrale Saint Marc, le Pont des soupirs,

Murano, etc. Le salon est un véritable petit musée. De Haas y conserve sept
délicieux tableautins et études de Bakker Korff, un de ses meilleurs amis. Il
y a d'Aug. Allebé, un autre de ses amis, un morceau très ressenti. Lenbach
est representé dans ce sanctuaire d'art par un magnifique portrait du maître

Effet de matin, appartenant au musée royal de Stuttgart.

de céans et un autre du prince régent de Bavière, l'homme affable et modeste
placé à la tête de ce pays, et dont, pour le plus grand profit de l'art néerlandais, De Haas fit la connaissance à Munich. D'Israëls, la collection De Haas
possède deux toiles merveilleuses, dont l'une est une réduction d'un tableau

L'approche de l'orage
D'APRÈS UN TABLEAU
du Musée d'Anvers

célèbre du grand artiste. Je citerai encore un Gabriel, des *fleurs* de G. J. Z. Van Os, deux Troyons, un Fromentin, un Théodore et un Philippe Rousseau; des œuvres de Vollon, Daubigny, Jacque, Emile Wauters, Eleuterio Pagliano (*La mort de la fille du Tintoret*) etc., etc. Ajoutons à ces tableaux de maîtres, étalées sur des guéridons ou serrées dans des dressoirs, ornant les tablettes au-dessus des portes, des collections de verres de Venise, de vieux Saxe, de vieux Delft, de vieux Chine et de vieux Japon. Semblables collections enrichissent aussi les chambres de l'étage et les paliers. Pour bien faire, il faudrait en dresser un catalogue.

Coin du Salon, d'après un dessin de Pierre Oijens.

Depuis 1869, l'année ou De Haas remporta la grande médaille d'or à Munich, il a exposé regulièrement dans cette ville. Il s'y est souvent rendu et il s'y est fait de nombreux amis. En 1888, il fut nommé commissaire pour la section hollandaise par le comité de la grande Exposition internationale. Il y a peu d'appui à attendre pour ces sortes de choses de la part de notre gouvernement. En acceptant cette distinction notre peintre pouvait prévoir qu'elle lui occasionnerait plus qu'une perte de temps. Toutefois il ne se laissa point rebuter par ces perspectives onéreuses, et il s'efforça de servir les intérèts de ses confrères néerlandais avec autant de zèle que d'impartialité. On sait la réussite de ces efforts: par cette Exposition et par celles qui suivirent, l'école

néerlandaise s'est fait connaître et admirer en pays germanique et le gouvernement bavarois n'a négligé aucune occasion d'encourager nos bons peintres et
de leur accorder de hautes distinctions. Actuellement notre école de peinture
jouit d'un tel renom en Allemagne que non seulement nos peintres vendent

Le fumoir, d'après un dessin de P. Oijens.

de plus en plus à ces Expositions, mais qu'il leur vient même d'importantes
commandes de là-bas.

Pour l'Exposition internationale de 1892, De Haas fut nommé „commissaire
de l'Etat" par S. M. la Reine Régente, mais toujours à titre platonique et sans
la moindre intervention de la liste civile. Grâce à ses admirables efforts, cette

Repos dans les dunes (Flandre), d'après un tableau d'une galerie particulière à Nurenberg.

exposition a encore dépassé toutes ses devancières, en qualité et en importance. De Haas s'efforça non seulement d'y réunir des tableaux à l'huile, mais aussi d'y montrer ce que notre art a produit dans les domaines de l'aquarelle, du pastel et du dessin. Il avait obtenu la faveur de faire un choix à cet effet, dans la riche collection appartenant actuellement à S. M. la reine Wilhelmine. Seize des principaux morceaux de cette collection formèrent le noyau d'un contingent auquel les meilleurs maîtres du genre apportèrent leur part. Cette section de l'art hollandais, encore inédite pour Munich et l'Allemagne, fit même sensation. Tenant compte de l'importance de nos envois, le gouvernement bavarois nous accorda des bâtiments beaucoup plus spacieux qu'aux expositions précédentes. Notre section occupait, dans le bâtiment central, plus de trois vastes salles, affectées autrefois à la section anglaise. Nos artistes obtinrent un succès énorme et la renommée de l'art néerlandais fut définitivement et triomphalement établie.

Quelqu'un qui exposa avec succès dès 1855, n'est plus aujourd'hui en 1899, un homme de la première jeunesse. Mais De Haas est un de ces élus, qui ne portent pas leur âge inscrit sur leur physionomie; il semble rester toujours jeune et c'est toujours l'homme sociable, cordial et enjoué de jadis.

Beaucoup de ses vieux amis sont partis pour de bon, mais ses nombreux amis de fraîche date lui portent autant d'affection que les regrettés absents, et les survivants de ses amis de la première heure lui sont toujours demeurés fidèles. On ne pourrait mieux faire l'éloge d'un homme.

A. G. C. Van Bruyl

F. H. KAEMMERER.

PAR

A. L. H. OBREEN.

La Promenade, d'après une étude à l'huile.

F. H. KAEMMERER.

Paris exerce depuis des siècles une fascination irrésistible sur l'activité artistique des autres pays et, sous ce rapport, la Hollande du XIXᵉ siècle est
largement tributaire de la capitale française. Il n'est point d'artiste un peu
renommé en Europe qui ne considère Paris comme le but d'un pèlerinage à
entreprendre à l'époque de sa mâturité, soit pour y revoir les lieux où s'écoula
une partie de ses années d'études, soit pour visiter cette cité monumentale,
patrie de tant d'artistes et de tant d'œuvres d'art.

Le séjour à Paris est-il utile ou nuisible à l'artiste? Il y aurait beaucoup à
dire sur ce sujet. S'agit-il simplement pour l'artiste d'apprendre la technique

de son métier il ne pourrait pas trouver meilleur enseignement que celui qui se donne à Paris. Les maîtres sont instruits et éloquents, les ateliers sont parfaitement outillés et pourvus de tous les accessoires désirables, et quiconque montre des dispositions trouve bientôt l'occasion de se distinguer.

En outre Paris possède une caractéristique originale qui n'existe presque nulle part, notamment un grand mouvement d'idées sur le domaine des Beaux Arts. La vie sociale à Paris représente une fournaise d'idées. Les opinions les plus extravagantes y viennent au jour et y trouvent des défenseurs que ceux qui les écoutent ne sont point tentés de prendre pour des fous. C'est là une grande force pour les artistes, car ils ne sont point contraints de suivre la même voie et ils peuvent se garder du poncif dans lequel les forces les plus vivaces tombent fatalement ailleurs.

Plus d'un, débarqué fraîchement de sa province dans la Ville des Lumières, comme l'appelait Victor Hugo, a la sensation que les écailles lui tombent des yeux. Il en est effectivement ainsi. Tout à coup tout ce qu'il tenait pour respectable, pour beau, voire pour sacré, fait naufrage dans son esprit, parce que les objets de son ancien culte sont aussitôt entamés et détruits par cet esprit sceptique et moqueur qui règne à Paris d'un bout à d'autre de l'échelle sociale.

„Il ne faut pas me la faire!" ces mots constituent le fond de tout esprit parisien. C'est avec ce cri que tout est détruit et nettoyé, et qu'on donne le champ libre à toute conception, à toute opinion nouvelle. Voilà donc deux avantages du séjour à Paris: l'enseignement solide et la liberté des idées.

Etude.

Mais les inconvénients ne sont pas moindres. Le public pousse trop loin la frivolité et la complaisance dans ses jugements; pour parler la langue du jour il „s'emballe" trop facilement, et s'il ne trouve tout admirable, il est toujours prêt à s'intéresser à tout ce que l'artiste lui offre dans n'importe quel domaine.

Paris est une véritable serre chaude pour les artistes. L'enseignement y est si complet, si abondant que beaucoup s'adonnent à l'art qui auraient beaucoup mieux fait de devenir charcutiers ou casseurs de pierres.

Il arrive trop souvent que des jeunes gens, après avoir montré quelque talent au début, s'arrêtent court, leur talent n'arrivant jamais à mâturité. Que de promesses, mais aussi que d'avortements!

C'est là le revers de l'enseignement du XIXe siècle dans chaque pays et dans tous les demaines — mais cet inconvénient se fait surtout sentir dans le domaine des arts.

L'artiste qui a trouvé son chemin dans son propre pays, qui est sûr de lui-même, incapable de se laisser éblouir, ou „monter le coup" comme on dit aujourd'hui, peut se rendre sans crainte à Paris, il pourra même s'y perfectionner, s'y dégrossir, fortifier ses conceptions et ses idées; celui-là est assez fort pour subir une crise.

Mais s'il n'est pas encore arrivé à cette hauteur, s'il en est encore à ses années d'études, qu'il sache bien à quoi il s'expose en se rendant à Paris. Il devra commencer par sacrifier à ses nouveaux guides tout ce qu'il avait appris jusqu'à présent, et cela, sans savoir s'il pourra suivre ses nouveaux professeurs ou si ceux-ci lui laisseront encore la force nécessaire pour se frayer lui-même un chemin. Dans ces conditions le séjour à Paris provoque fatalement une crise dans son être artistique. Et combien y laissent leur foi, et leur force? Voilà

Etude.

pourquoi beaucoup de jeunes artistes maudissent le moment où ils sont venus à Paris.

Ceux qui résistent à cette épreuve en sortent allégés, aguerris et assouplis, ils se meuvent facilement dans n'importe quelle direction; mais s'ils s'examinent et s'interrogent, ils constateront qu'ils ont complètement secoué et dépouillé le vieil homme, qu'ils sont devenus bel et bien des artistes français.

Tel a été le cas pour Kæmmerer qui tient une place en évidence dans le

monde artistique parisien. De caractère enjoué, cordial et franc, sans empiéter
sur le terrain d'autrui, il est arrivé à se faire un nom et à régner sur un
domaine qui lui appartient tout entier. Il suffit de prononcer le nom de
Kæmmerer pour évoquer l'élégance et le luxe du Directoire, les modes

excentriques
de la fin du siècle
dernier. Celle du
XVIIIe était une ,,fin
de siècle'' encore
autrement agitée et fantasque que celle de celui-ci !
On n'était plus sous le régime sanglant et féroce-
ment épileptique des Jacobins, et on n'était pas
encore sous le joug de fer de Napoléon Ier.

Entre ces deux périodes de violences et d'héca-
tombes sur les champs de supplice ou les champs
de bataille, entre le règne de la guillotine et celui
du canon, le Directoire produit un peu l'effet d'une
parade de clowns entre deux périlleux exercices
d'acrobates dans un cirque ; — ou d'un intermède
burlesque de Shakespeare entre deux scènes
tragiques.

La haute société française avait été guillotinée
ou avait émigré ; les rentiers étaient devenus
pauvres comme les pierres, l'Etat ayant cessé de
faire honneur à sa signature et payant ses débiteurs
en assignats, autant dire en monnaie de singe ;
une nouvelle classe de spéculateurs à la bourse
et de fournisseurs des armées s'était brusquement enrichie et jouissait fièvreusement de sa
subite et insolente fortune. La galanterie faisait le fond de la vie sociale et
cela avec plus de fureur et d'extravagance qu'aux époques les plus mondaines

et les plus chevaleresques de la France. Un peintre qui allait se vouer à l'étude

Frimaire, d'après un fusain.

des formes et des usages de ce temps, devait y trouver une mine inépuisable
de sujets piquants ou grâcieux, coquets ou grotesques, et c'est Kæmmerer

Merveilleuse (1791) d'après un tableau, gravure sur bois par Florian.

qui a eu le bon esprit d'exploiter cette mine si attrayante. Il existe peu de peintres de l'Ecole moderne française dont l'œuvre ait été reproduite si souvent par la gravure.

Servante de cabaret, d'après un tableau.

La raison en est que Kæmmerer, quoique Hollandais de naissance, possède ces deux qualités essentiellement parisiennes: l'esprit dans le choix du sujet et la coquetterie dans le dessin. Voyez plutôt ses petites figures de femmes en leur étroit fourreau de robe, avec leur petit nez fripon à la Roxelane, avec leurs mains mignonnes, leurs bottines à hauts talons. Elles ont l'air si triomphant, si agaçant, si mutin que si elles attendaient la visite de Barras, de Joseph Chénier, de Garat ou d'un autre lion du jour.

Ces deux qualités, l'esprit et la distinction dans la conception comme dans le dessin, constituent la force et la supériorité des peintres de genre français.

Les ultra-modernes qui ne jurent que par l'étude de la nature dans ses plus rudes manifestations du plein air, hausseront les épaules et feront les dégoûtés à cette constatation. Je les entends s'écrier: „Mais cela n'est pas vu, cela n'est pas vécu, c'est fait de chic dans l'atelier; ce ne sont là que gravures de modes!"

„Qu'est-ce que cela peut bien me faire?" serez vous tenté de répondre à ces réalistes austères. Quiconque achète un tableau se pose uniquement cette question: „Cette peinture plaît-elle à mes yeux? Pourrai-je la contempler tous les jours avec le même plaisir lorsqu'elle sera accrochée à la muraille?"

— Non, objectera aussitôt le peintre grincheux et exclusif, je ne travaille pas pour le public que je méprise autant que faire se peut. Je travaille pour avoir

Etude au fusain. Danseuse.

la satisfaction de créer une œuvre d'art qui réponde à mon idéal. Et la question de savoir si mon œuvre plaira au public ou s'il l'achètera, me laisse

absolument froid; artiste, je suis mon propre chemin, le chemin que me font
suivre mes propres mains et mes propres yeux guidés par les conceptions de
mon propre esprit."

Etude un fusain.

Cette notion de l'art peut être défendue, mais en somme elle ne représente qu'une thèse, dont on peut soutenir aussi aisément la contre-partie. Pareils raisonnements sont un manteau dans lequel l'artiste se drape orgueilleusement lorsque son œuvre est méconnue de ses contemporains. La postérité revisera peut-être le jugement desdits contemporains; mais il s'en faut que telle soit la règle générale. Le peintre qui jouit du succès de son vivant, celui qui met sa gloire en viager, comme diront dédaigneusement ses dénigreurs, ne pourrait parler ainsi, car il lui est impossible de déclarer si l'encouragement lui vient de lui-même ou des suffrages de ses admirateurs. Le peintre commence par tâtonner et balbutier jusqu'à ce qu'il trouve une direction ou une idée qui le mette en évidence et qui fasse connaître son nom. S'il est arrivé à cet heureux résultat, il est engagé désormais dans une seule voie, il lui faut suivre la même direction ou la même idée du début, malgré lui, inconsciemment, sous l'influence de son amour-propre et de son succès; ensuite parce qu'il ne peut plus trouver autre chose, parce qu'il est trop tard pour changer de route ou pour mûrir une nouvelle idée. Prenez n'importe quel artiste célèbre: toute sa vie il demeurera fidèle au genre auquel il a attaché son nom.

On demandera sempiternellement à Alma Tadema une scène de l'antiquité romaine; à Meissonnier, un bonhomme assis dans un intérieur harmonieux ou appuyé à une paroi pittoresque; à Henner, deux nymphes ou un délicat profil; à Carolus Durand, un portrait de dame vêtue de soie ou de satin.

Tout artiste de talent a dans sa vie une idée capitale, une idée essentielle, et, qu'il le veuille ou non, il lui faudra s'en tenir à cette idée jusqu'à son dernier soupir.

Kæmmerer a vérifié la vérité de cette loi, en ce qui concerne ses scènes du Directoire. Il a produit bien d'autres choses cependant: il a peint la plage de Scheveningue au coucher du soleil, il a peint le coin sinistrement célèbre du Père Lachaise où les hommes de la Commune furent fusillés par centaines; et que n'a-t-il peint encore! Tout cela n'a rien changé à la question. Quiconque désire avoir un tableau se rapportant au Directoire, s'adresse à Kæmmerer, et quiconque désire posséder un tableau de Kæmmerer, doit s'intéresser aux hommes du Directoire. Celui qui a des succès doit en supporter aussi bien les inconvénients que les avantages, si l'on peut appeler inconvénients la nécessité de rester dans ce chemin où le public est habitué à vous rencontrer et à vous applaudir.

Même dans le choix de ses modèles Kæmmerer est forcé de rester fidèle aux dieux et aux déesses qu'il a adorés dès le début. Sur la plupart de ses tableaux vous rencontrerez la même petite figure de femme, avec le même petit nez retroussé, avec le même minois déluré et la même tournure pimpante. C'est parce que cette figure, convenant mieux que toute autre aux épisodes qu'il veut représenter, s'est gravée dans son esprit et se loge pour ainsi dire dans ses pinceaux.

Il n'y a pour s'en convaincre qu'à examiner les six paires de petons, reproduites plus haut. Qu'ils soient chaussés de souliers plats ou de bottines à hauts talons, que les bas soient clairs ou foncés, tous ces bas de jambes ont un même air de famille.

Nul ne peut dire des peintres de genre français qu'ils n'ont pas d'honneur de leur travail. Meissonnier à leur tête, ils ont fait le tour du monde et conquis, au xixe siècle, l'Amérique du Nord, prenant ainsi leur revanche de la conquête, au xviiie siècle, par les Anglais de ce continent presque entièrement possédé par la France. Ils ont vengé la défaite du marquis de Montcalm au Canada.

Annuellement les rois des porcs salés et des chemins de fer, les potentats des pétroles et des métaux, de New-York, Chicago et San Francisco, versent des sommes énormes dans la caisse de l'Ecole de peinture française, et Kæmmerer ne touche pas la part la moins importante de ce tribut.

Un accident
D'APRÈS UN TABLEAU

Quelque joyeux et primpants que soient les tableaux de Kaemmerer il y a
lieu de se demander s'ils représentent bien exactement et complètement la
vie sociale sous le Directoire.

La poissarde, d'après un tableau.

Un mariage, un baptême, une ascension de ballon, une partie de patinage,
sont certes autant d'événements qui se produisaient fréquemment à Paris, sous

le Directoire comme à toute autre époque; mais il devait s'y passer bien autre chose encore, et il y a des faits qui caractérisent plus originalement le Directoire, des faits qui lui assignent sa véritable physionomie dans l'histoire de la Société.

Qu'on se représente Paris au lendemain de la chute de Robespierre, pendant l'été de 1794; ce Paris qui, depuis les massacres de septembre 1792, jusqu'à l'exécution du tyran, avait vécu dans un véritable vertige de sang, de proscription

Etude un fusain.

et de terreur, après un cataclysme qui avait emporté tout ce qui, durant des siècles, constituait les bases mêmes de la société française: la religion, la royauté, l'administration, les castes, les privilèges, les lois aristocratiques.

Lorsque la France se réveilla de ce cauchemar de deux ans et qu'une nouvelle vie sociale se manifesta sous un gouvernement d'une tolérance et d'une placidité relatives, il n'est pas étonnant que cette vie ne devait ressembler en rien à l'image que nous nous faisons d'une société régulière et policée.

Toutes les entraves sociales avaient été rompues et le poing de fer de Napoléon Ier n'a pas été de trop, par la suite, pour forger de nouvelles entraves. Or, les tableaux de Kæmmerer tenderaient à faire supposer que les hommes, aux beaux jours du Directoire, étaient de dignes et braves bourgeois qui se mariaient jovialement, faisaient baptiser décemment leurs enfants, liaient des parties de campagne le dimanche, et se laissaient vivre benoîtement radieux, dans une atmosphère d'idylle à l'eau de rose. Quelle illusion!

A la vérité jamais il n'a existé dans l'histoire de France une période où les mœurs furent si brutales et effrénées sous tous les rapports, où les spéculations

Etude au fusain pour „le Menuet.''

insensées causaient plus de ruines subites et de tapageuses et écrasantes fortunes, où régnait une si violente fièvre de jouissances et de voluptés charnelles.

Paris, sous le Directoire, représentait un vaste tripot, où toutes les propriétés des nobles, des „ci-devants'' étaient vendues de la main à la main en même temps que les biens des églises et des couvents, où les gros parvenus se livraient à des orgies fabuleuses au milieu d'une population plus famélique que jamais, où le besoin de paraître, de briller, d'éblouir, atteignait son paroxysme et donnait lieu aux modes les plus bizarres, aux gageures les plus fantastiques, à des spectacles et à des plaisirs inouïs.

Plus d'art, plus de littérature, plus de science: rien que le culte du veau d'or, la vie animale et le luxe. Telle était cette société nouvelle.

Les tableaux du Directoire de Kæmmerer ne donnent donc qu'un vague reflet de ces moeurs. Une noce, un baptème? Certes, on se mariait, mais beaucoup négligeaient de passer par la mairie, et ils n'en étaient pas moins unis pour cela. Et lorsqu'il leur arrivait de se marier légalement, ils ne se faisaient point scrupule de divorcer avec plus de désinvolture encore.

Le principal argument qu'on fit valoir sous la troisième république contre le rétablissement du divorce fut précisément l'abus qu'on avait fait de celui-ci sous le Directoire.

Le baptème? Soit. Mais les tireuses de cartes, les diseurs de bonne aventure par le marc de café, les spirites, les magnétiseurs jouissaient d'une vogue beaucoup plus grande que les prêtres. Jamais la superstition n'a sévi avec plus de force que sous le Directoire. Les jeux de hasard et la superstition ont toujours fait excellent ménage. Le fanatisme et une bigoterie mystique s'étaient d'ailleurs déjà remis à sévir sous Robespierre, l'instaurateur, pourtant, du culte de la déesse Raison. Dans son Histoire de la Révolution française Michelet a des pages très édifiantes sur l'âme philosophique de l'austère Maximilien. Ce démagogue couvrait un cafard et un prêtreux. Né dans une ville de prêtres, élevé par la protection des prêtres, il eut beau les persécuter, il en garda toujours quelque chose. Après, le dévergondage et la merveillosité firent meilleur ménage que jamais. Jamais aussi il n'y eut autant d'enfants trouvés. Et les rixes et les pugilats dans les rues? On s'enorgueillissait de ses biceps, à la mode antique; on s'armait de grosses cannes finissant en tire-bouchon; on parlait d'une voix de fausset et sans prononcer les r, on ne marchait qu'en sautillant avec force pirouettes; on se cachait les joues jusqu'aux oreilles dans des cravates larges d'un empan; l'habit avait d'immenses pans en queue d'aronde traînant jusqu'aux talons, et le bicorne énorme faisait songer à la coiffure de Polichinelle.

La toilette des „merveilleuses" n'était pas moins bizarre que celle des „incroyables." Les dames eurent des robes à l'athénienne ou à la romaine et allèrent la gorge, les bras et les pieds nus. La femme de l'officier Hamelin mit un jour pied à terre aux Champs-Elysées, n'ayant pour tout vêtement qu'une tunique de gaze. Elle était avec une amie habillée comme elle. Cela parut trop fort, raconte Quicherat dans son *Histoire du Costume en France*. Les huées dont elles furent accueillies les obligèrent de remonter bien vite en voiture.

De bas en haut, la société du Directoire représentait une descente de la Courtille, un furieux carnaval, une mascarade sur une grande échelle, intéressante comme un phénomène pathologique, mais qu'il ne faut pas creuser trop profondément sous peine d'être tenté de repousser le livre qui en trace l'histoire licencieuse jusqu'à la nausée.

Mais on prendra toujours plaisir à considérer les figurines de Kæmmerer, on en admirera la grâce et on en subira l'attrait élégant. On se sentira même une vague envie d'adopter quelques-unes de ces modes pittoresques; à telle enseigne que la troisième république a introduit dans ses modes contemporaines plus d'un détail de la toilette en honneur aux beaux jours où Barras et Madame Tallien, suivis d'un cortège d'illuminés et de femmes hystériques, gouvernaient le beau pays de France.

Sous le rapport des mœurs et des usages, on prétend même que le Directoire est moins démodé et oublié qu'on ne serait tenté de le croire. Les temps actuels avec leur fièvre de spéculations, leurs subites levées de millionnaires avides de réclame, sont intimement apparentés au Directoire. Mais pour l'amour du ciel gardons-

Les chevaux de bois.

nous de pousser le pastiche jusqu'au bout, et tenons nous en à ce que Kæmmerer nous en a si gentiment ressuscité!

Pour nous autres Hollandais, un triste souvenir se rattache au Directoire, peut être le plus sombre épisode de notre histoire. Il y a environ cent ans existait en Néerlande un puissant parti qui appela les Français dans notre pays et reçut à bras ouverts l'armée de Pichegru. Éprouver une défaite, être battu par une armée étrangère, peut arriver et arrive plus d'une fois au peuple le plus patriotique. Mais introduire l'ennemi de gaîté de cœur dans le pays, l'investir du pouvoir d'intervenir dans les luttes intestines: c'est bien la plus grosse énormité que puisse enregistrer l'histoire d'une nation. Ami lecteur, qui t'amuses à contempler les figures excentriques de l'époque du Directoire, ne te réjouis point outre mesure à cette exhibition carnavalesque, mais rappelle-toi avec tristesse que tels étaient les individus qu'on appela comme amis dans notre patrie et qui foulèrent plus tard celle-ci sous leurs bottes, comme pays conquis.

S'il est une circonstance atténuante à plaider au profit de cette introduction des Français en Hollande, c'est celle-ci qu'un autre parti avait appelé les Prussiens chez nous quelques années auparavant, et que les uns n'ont donc rien à reprocher aux autres. Nous avons expié chèrement ces deux fautes. Ah! pourquoi avons nous connu le Directoire autrement que par les attrayants tableaux de notre digne compatriote Kæmmerer!

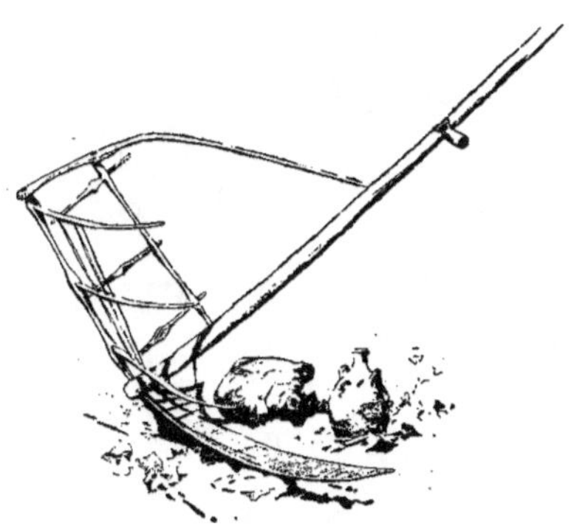